一揆の原理

呉座勇一

筑摩書房

目次

文庫版まえがき　7

はじめに――一揆は反体制運動なのか？　13

「ポスト3・11」の不安な時代に／現代社会は「新しい中世」／戦後歴史学の「一揆」観／一揆は「人のつながり」／本書の構成

第I部　一揆とは何か

第一章　百姓一揆は幕藩体制がお好き？　26

竹槍一揆の歴史は十年間／「刀狩り」の真相／飛び道具を使うな／非武装を貫く百姓一揆／百姓に怪我でもあらば、御気の毒／凶暴な明治の新政反対一揆／百姓一揆は「一揆」を自称しない／江戸時代は「一揆」禁止の時代

第二章　中世こそが一揆の黄金時代　47
荘家の一揆・土一揆・国人一揆／「暴動」か「正義」か／諸大名の「官邸包囲デモ」／強訴は理不尽／神様を怒らすな／寺社の強訴はデモ／逃散はストライキ――荘家の一揆／百姓の義務・領主の義務／そもそも一揆とは何か？／仲良しクラブも「一揆」なのか

第Ⅱ部　一揆の作法

第三章　一味同心――正義と平等　72
一味同心するということ／死なば諸共／一揆が正義である理由／一揆を貫く平等性原理／覆面が役に立つとき／一味和合と一味同心／寺院社会の変質と「一味和合」／仏ではなく神に誓う／神仏習合と本地垂迹

第四章　一揆のコミュニケーション　95
一揆の情報伝達「天狗廻状」／傘連判・車連判／中世の「高札」はネットの掲示板／食べ物のウラミはこわい――「アラブの春」と「京都の秋」／金持ちは寄付

をしろ／連歌――一揆の文化／イベントとしての一揆／匿名性による平等性

第五章　「一味神水」はパフォーマンス　115
「一味神水」という儀式／なぜ起請文を飲むのか／一味神水は神秘体験か／「空気」という集団心理／焼く起請文と残す起請文／神に捧げ人に渡す／荘家の一揆の交渉術／「一味神水しました」宣言

第六章　起請文が意味するもの　136
「一揆契状」という文書／部外者に届けられた一揆契状／読んでもらうことが前提／宣伝される集会／徳政一揆は訴える／暴力に訴えるのも「訴訟」のうち／「強訴」としての山城国一揆／国人たちのパフォーマンス／反守護一揆の特徴／等身大のしたたかさ

第Ⅲ部　一揆の実像

第七章　「人のつながり」は一対一から　166
国人一揆と百姓／松浦一揆と海民／百姓の「逃亡」の実態／「自治共和国」とい

う幻想／二人でも一揆／交換する一揆契状／一対一の関係の連鎖／集合しない一揆／「他言無用」の秘密同盟／敵とこっそり手を結ぶ／一揆とＳＮＳ／君の大事は私の大事／デマへの対処法

第八章　縁か無縁か――中世の「契約」　198

中世は「契約」社会／一揆契状は契約状／義兄弟の契り／兄弟が「父子」に／親子契約／「親子契約之譲状」と中世的「家」／養子との違い／兄弟契約／一揆は「無縁」か？／一揆の中の「縁」／起請文形式であることの意味／一揆契約が築く新たな絆

終章　「一揆の時代」ふたたび　225

「百姓一揆」化する脱原発デモ／「強訴」を超えて／私たちにできること

参考文献　233

あとがき　241

文庫版あとがき　248

文庫版まえがき

本書は、二〇一二年九月に刊行した『一揆の原理――日本中世の一揆から現代のSNSまで』を文庫化したものである。原稿に取りかかったのは二〇一一年の九月だったと記憶している。

その頃は、まだ反原発デモも熱気を帯びていたが、いずれ下火になるだろうと思っていた。もっとも、原発の再稼働がほとんど進んでいないのは運動の成果である、と主張する人がいるかもしれない。しかし原発は廃炉にしない限り危険性を完全には排除できないのだから、反原発デモは当初の目的を達成したとは言い難い。

そして、この「まえがき」を執筆している二〇一五年八月現在、安保法制に反対するデモが盛んに行われている。だが、戦後七十年という節目の年でありながら、世間の目はどこか醒めているように感じられる。私の感度が鈍いだけかもしれないが、たとえば台湾のひまわり学生運動や香港の雨傘運動に比べると、インパクトの面で見劣りする。

ネット上では、デモ参加者もしくは支持者と思しき人が、しばしば「外国ではデモはひんぱんに行われているのに、なぜ日本ではデモが盛り上がらないのか?」と不満を述べている。日本人の国民性に求める見解も散見される。だが、安保闘争は言うに及ばず、戦後間もない時期にも、飯米獲得人民大会(食糧メーデー)という二五万人が集結する大規模デモが発生している。日本人が争い事を好まない温和な民族だから、といった説明は成り立たない。

短期的な要因としては、新左翼の運動がデモへの忌避感を生んだ、という可能性が想定できよう。参加者の動機はどうあれ、新左翼がしだいに過激化し、破壊と混乱を招いたことは否定できない。韓国や台湾で民主化運動が独裁政権を打倒したのとは対照的であり、日本では大衆運動そのものへの疑義が生じた。

だが、新左翼の失敗のみに帰してしまうのは、あまりに視野が狭い。そもそも、日本の長い歴史の中で、民衆運動が社会を変革したことはあるだろうか。食糧メーデーはGHQに解散させられたし、安保闘争も新日米安全保障条約の批准を阻止することはできなかった。明治維新にしても、民衆を広範に巻き込む形で展開された「革命」と評価することは困難である。

それは一概に悪いことではない。フランス革命においては、諸外国による干渉戦争、革命政府への反乱、革命政府による粛清などが一〇〇万人以上の犠牲者を生んだ。ソ連などで起こった共産革命もまた大きな悲劇を生んだ。

良くも悪くも日本は、民衆運動による社会変革を体験していないように見える。けれども戦後歴史学は、民衆運動の輝かしい歴史を明らかにすることを大きな使命としてきた。一揆がもてはやされたのも、民衆運動顕彰の一環である。このギャップが、人々のデモへの過剰な期待と、その後の幻滅を準備しているように思えてならない。

眼前の安保法制反対デモだけを論評するのではなく、射程を広げて、日本における民衆運動の歴史を客観的に分析する。そうした作業は、今後の社会運動のあり方を考える上で貴重なヒントになるのではないか。本書で展開する一揆論が、その一助となれば幸いである。

一揆の原理

はじめに——一揆は反体制運動なのか？

「ポスト3・11」の不安な時代に

二〇一一年に日本を襲った未曾有《みぞう》の大災害は、忘れ去られようとしていた絆の価値を私たちが再認識する契機にもなった。少し前まで孤独死が社会問題として取り沙汰され、「無縁社会」などという言葉が広まったことなどウソのように（もっとも、報じられる機会が減っただけで、状況が改善したわけではないだろうが）、「きずな」や「つながり」といった言葉が連呼されるようになった。これらの言葉は今や、いささか手垢のついた言葉になってしまったほどである。

普通の人が「きずな」や「つながり」という言葉を聞いた時、最初に思い浮かべるのは家族との関係だろう。震災直後、被災地にいる家族の安否を気づかい、何とか連絡がとれないものかとやきもきした人は多いと思う。私の知り合いにも、津波で家が流されてしまった両親を引き取って同居しているという人がいる。また震災後は、結婚を決める人が相次ぎ、「震災婚」という言葉も生まれた。

加えて、全世帯のわずか七％（二〇一〇年）にまで減っていた三世代同居が、（経済的援助や育児協力に期待するという側面が強いものの）都市部を中心に復活の兆しが出てきた。

とはいえ、家族のあり方が多様化しつつある現代社会において、昔のような大家族を復活させることは、現実問題として難しい。たとえば地方から都会に移り住み、そこで職を得た人たちが、両親と同居しようと思ったら、両親を引き取って都会で生活させるか、自分が職を捨てて故郷に戻るしかない。それに、「夫からどんなに暴力を受けても、子供のために我慢して絶対離婚するな」と奥様方に言うわけにもいかない。

近年の昭和ブームに乗って「貧しくとも家族が肩を寄せ合って朗らかに暮らした昭和」を懐かしむのも結構だが（だいぶ美化されているきらいがあるが）、時計の針を戻すことができない以上、家族とのつながりだけをセーフティーネット（安全網）とするのには限界がある。

むしろ、家族や企業という既存の共同体から抜け落ちてしまった人たちが生きていくのが非常に困難であるという点こそが現代日本の最大の問題と言える。日本の税と社会保障の制度は依然として「夫は正社員で妻は専業主婦、子どもは二人」という「標準世帯モデル・夫婦ワンセット」を前提にしているため、このモデルから外れてしまった共働き・単身者・派遣労働者などは、社会的に非常に不利な立場に置かれている。

加えて、共同体に属している人たちも、脱落した時の悲劇を理解しているため、共同体内部で浮いてしまうことを恐れて萎縮してしまう（会社員の場合、自分の意思と良心を捨ててまで会社に盲従する「社畜」になる）傾向がある。非正規雇用が増加する現在、専業主婦や正社員は「勝ち組」に見えるが、どんなにヒドイ家庭や職場であろうと、そこにしがみついていなければならないという意味では、彼らは〝牢獄〟の住人なのであって、必ずしも幸福とは限らないのだ（日本が経済成長を続けている間は、問題点が顕在化しなかっただけである）。

現代社会は「新しい中世」

ご年輩の「知識人」の方々はすっかり忘れてしまったのかもしれないが、戦後民主主義の中では「血縁」や「地縁《ちえん》」といった縁はネガティヴに評価されてきた。最近、颯爽《さっそう》と論壇デビューした若者論の論客、古市憲寿《ふるいちのりとし》氏も指摘しているように、それらは「近代的個人」を成立させる上での障害、古くさい〝しがらみ〟として批判の対象となっていたのだ。

私の専門分野である日本中世史研究（特に勝俣鎮夫《かつまたしずお》氏や網野善彦《あみのよしひこ》氏の研究）において、「無縁」に積極的な意味が付与されたのも（後述）、「進歩的文化人」の近代化志向と無縁ではない。

それなのに震災が起きた途端に「やっぱり家族で助け合うのが一番だよね〜」などと言い出すのは、ずいぶんと勝手な話だと思う。かつての絆を取り戻し「古き良き昭和」に回帰するというだけでは、問題の解決にはならないのだ。

東日本大震災が起こると、若者を含めた多くの人々が全国から被災地へと駆けつけた。震災ボランティアである。古市氏によれば、今回の震災にいち早く反応し、主体的に現地入りしたボランティアは、カンボジアやバングラデシュなどの途上国を支援する海外ボランティアの団体であったという。「日本を一つに」と言いつつ、彼らにとっては「東日本大震災の被災地」と「カンボジア」は「支援の対象」として交換可能なものであり、したがって彼らが率先して被災地に向かった動機は「同じ日本人だから」という「ナショナリズム」ではない。むしろ「他者」への共感とみなすべきであろう。

東北の人たちを「他者」とは冷たい、と思うかもしれないが、震災の直接的な被害者でもないのに「日本の強さを信じている」とか「日本は必ず復活する」とか訳知り顔で言って自己陶酔する方が、よほど傲慢ではないだろうか。自らを「日本」と同一化して甘い感傷にひたるのではなく、自分たちと被災者とでは置かれている状況が全く異なるという冷厳な現実を直視した上で、新しい「つながり」を構築してこそ、真の復興支援が実現する。グローバル化が進展し、主権国家体制という近代的秩序が相対化されつつある現代社会は、しばしば「新しい中世」と評される。そして、共同体の復活ではなく、新しい社会的ネットワークによって危機の時代を乗り越えようという発想は、実は中世の一揆の思想と重なるのである。

戦後歴史学の「一揆」観

しかし、どうしても「一揆」には、革命的なイメージがつきまとう。二〇一〇年から二〇一一年にかけてアラブ世界において革命が連鎖的に発生した際には（後に「アラブの春」と総称された）、インターネット上で「日本の歴史で言えば一揆のようなもの」とか「世直し一揆」とか、「一揆」にたとえる意見が目に付いた。

反政府の民衆運動を「一揆」と捉える見方は今に始まったことではない。一九一八年（大正七）、富山県の港町の女性たちが、地主や米問屋による米の買い占め・売り惜しみに反発して米を売るよう強要した事件、すなわち米騒動は、当時の新聞では「越中《えっちゅう》女一揆」と報道された。

いわゆる六〇年安保闘争も「一揆」とみなされることがある。ノーベル文学賞作家・大江健三郎の小説『万延《まんえん》元年のフットボール』（一九六七年）は、一八六〇年（万延元）の百姓一揆と一九六〇年（昭和三十五）の安保闘争を重ね合わせた作品である。

これは、世間一般がそのようなイメージを持っている、という問題にとどまらない。専門家である日本史研究者も、多かれ少なかれ「一揆」を革命的なものとして捉えているのである。

一九八一年に東京大学出版会から刊行された『一揆』全五巻は、今なお一揆研究の基本文献だが、このシリーズは序論で一揆を「前近代日本の固有の階級闘争」と把握している。階級闘争は共産主義の基本的な概念で、非常に単純化して説明すると、階級社会において被支配階級が支配階級による搾取を拒否するために展開する闘争のことである。現代風に言えば、反体制・反権力の抵抗運動、といったところだろうか。その究極の形態が、被支配階級が支配階級総体を否定する、つまりは体制をひっくり返す「革命」である。

カール・マルクスとフリードリヒ・エンゲルスは一八四八年に発表した『共産党宣言』において、「すべての歴史は階級闘争の歴史である」と規定している。階級闘争は繰り返し行われ、その度に社会は変革され、発展していく。そして、無産階級（プロレタリアート）による政治権力の奪取（プロレタリア革命）によって階級闘争の歴史は終わり、共産主義社会が実現する。これがマルクスの唱える「階級闘争史観」という歴史観のあらましである。

それでは、なぜ戦国時代や江戸時代の一揆が「階級闘争」と認定されたのだろうか。それは、戦後を生きる歴史家の夢と希望が「一揆」に投影されたからである。軍国主義への反省から、敗戦後の日本では共産主義が流行した。歴史学界でも「マルクス主義歴史学」が主流となった。彼らは共産主義社会を理想視し、日本における共産革命の成功に期待した。

したがって、戦後歴史学では「日本の人民が権力と闘った歴史」を明らかにすることが最重要の課題となった。このような潮流の中、一揆史は「階級闘争の歴史」として研究されたのである。「過去の歴史において、民衆は一揆を起こして権力と闘った。我々も革命のために闘おうじゃないか！」というわけだ。こうした研究傾向は、ソ連が崩壊し革命の夢が潰《つい》えてからも、多少の修正はなされたものの、依然残っている。

一揆は「人のつながり」

けれども本書で述べるように、現実の一揆は常に権力と闘っていたわけではない。冷たい言い方をすれば、前近代の一揆が「階級闘争」であるという主張は、事実に基づくものではなく、戦後の日本史研究者の願望によるものである。つまり、そう信じたかった、というだけの話なのである。本当は、暴動や革命より、むしろ「人のつながり」の一つのパターンと見た方が、一揆の実態に近いのだ。

ついでに言うならば、一九六〇年代の学生運動・労働運動にしても、みんながみんな崇高な理想に燃えていたわけではなく、お祭り的な要素も含まれていたであろうことは、歌声喫茶の流行などから容易に想像できる。別に、遊び半分で参加していた連中は不純でケシカランと言いたいわけではない。歌声喫茶、大いに結構。革命を目的とする直接行動をことさらに神聖視するのではなく、そうした政治運動の基盤となった人々の連帯にこそ目を向けようというのが、私のスタンスである。

そして、一揆を「階級闘争」ではなくソーシャル・ネットワークとして捉えた時、一揆は単なる〝昔の出来事〟ではなくなる。一揆研究が現代日本との接点を持つのだ。本書では、このような発想を出発点にして、日本の歴史における一揆の問題を考えていきたい。この作業は、「人のつながり」のあり方が劇的に変わりつつある現代社会に対する新たな視座を、私たちに提供してくれるだろう。

本書の構成

本書では主に中世の一揆について検討を加える。日本史学では基本的に古代・中世・近世・近現代という形で時代区分が行われており、中世は大まかには鎌倉時代・南北朝時代・室町時代・戦国時代・安土桃山時代といった時代を指す。ただし近年は、院政が行われた平安時代の末期を「中世」のはじまりと考える研究者が増えている。

なぜ近世(江戸時代)の一揆ではなく、中世の一揆をメインにすえるのかと言うと、後に述べるように、この時代こそが一揆の最盛期だからである。一揆は中世という変革期に誕生し、この時代にピークを迎えた。歴史の授業や時代劇の影響からか、一揆の代表は江戸時代の百姓一揆だと思っている人が少なくないが、実のところ百姓一揆は本来の一揆が変質した姿でしかない。中世の一揆がスタンダードなのである。

一揆が歴史の表舞台に登場するのは、南北朝時代からである。南北朝の動乱によって既存の秩序や価値観が崩れ、時代の変化に対応した新しい人間関係が模索される中で、一揆は生まれた。中世の一揆からは、現代の「人のつながり」を考察する上での多くのヒントを得ることができるだろう。

本書は三部構成で八つの章から構成されている。

第I部の第一章~第二章では学界の最新の研究成果に基づき、一揆に関する基本的事項を解説する。まず江戸時代の百姓一揆と中世の一揆を比較し、南北朝・室町・戦国時代(中世後期)こそが一揆の黄金時代であったことを述べる。国人《こくじん》一揆や荘家《しょうけ》の一揆、土《つち》一揆、一向《いっこう》一揆など、中世の多種多様な一揆を紹介しつつ、一揆とは何か、なぜ一揆が生まれたのかを論じる。加えて、「一揆」の語源や多義性、用法など基本的事項を確認する。農民の武装蜂起という通俗的な把握では収まりきらない、一揆の豊かで多彩な実像を理解していただければ幸いである。

第Ⅱ部の第三章〜第四章では、当時の人々が何をもって「一揆」とみなしていたかを明らかにすることで、現代人の「一揆」理解を相対化したい。なお、ここで言う「現代人」とは、一般読者のことだけでなく、プロの歴史研究者も含む。

そして第五章〜第六章では、「一味《いちみ》神水《しんすい》」という一揆の儀式を再考する。戦後の一揆研究は長らく「階級闘争史観」一辺倒であったが、一九七〇年代になると、中世の一揆を安易に近代の革命運動と結びつけるのではなく、一揆の背景にある中世人独自の心性を解明しようとする研究が現れた。すなわち、現代人の合理的な思考とは異なる、宗教的な観念や呪術意識に縛られた中世人の非理性的な行動原理に注目が集まるようになったのである。

このような研究動向の中、クローズアップされたのが、一揆結成に際して行われた「一味神水」という神秘的な儀式である。しかし七〇年代以降の一揆研究は、「一味神水」の神秘性を過大評価し、宗教的な説明に傾きすぎているように思える。中世人の非合理性を無闇に強調してきた従来の研究への批判の意味も込めて、一揆結成のための一連の「作法」を再検討したい。

続く第Ⅲ部第七章では、これまでの研究では重視されてこなかったタイプの一揆に光を当てる。一揆という言葉からは、大勢の人間が寄り集まって共に行動する様を想像しがちである。これは一揆を「階級闘争」として思い入れたっぷりに評価してきた歴史学界の研究姿勢と無縁ではない。革命や暴動のイメージで一揆を捉えようとすると、大規模で派手な武力闘争だけに目が行ってしまう。多くの人間が集まらなければ一揆ではない、ということになる。

だが、実は一揆とは、あの織田信長をさんざんに苦しめた一向一揆のような巨大なものばかりではない。たった二人しかいなくても一揆は結べるのだ。一揆の本質は体制を倒す実力行動ではなく、人と人とをつなぐ紐帯にあると私が主張するゆえんである。これまで見過ごされてきた小規模で地味な一揆を取り上げ、その分析を通して一揆の本質を掘り下げて考察することが、本章のねらいである。

第八章では、「契約」という側面から一揆の実像に迫るという、新しいアプローチをとってみた。武士が農民を支配する、主君が家臣を支配する……これまで中世の歴史は「支配」関係を中心に説明されてきた。しかし近年の研究によって、中世社会は人と人との「契約」によって回っていたことが解明されつつある。たとえばサラリーマンが会社と雇用契約を結ぶように、中世の人々も主人と主従契約を結んでいたのである。実を言うと一揆も、「契約」を結ぶことで成立するものであった。したがって一揆を本当の意味で理解したければ、革命のような特別な運動として見るのではなく、中世社会のあちこちで見られた諸々の「契約」の中の一つ、つまりは「一揆契約」として捉えることが必須になる。このような視点を取り入れることで、中世の一揆と現代の人間関係に共通する部分が、はっきりと浮かび上がってくるだろう。

そして終章では、それまでの章で展開した議論をまとめた上で、現代日本の「人のつながり」について若干の私見を示したい。

以上のように、本書では中世の一揆の〝真実の姿〟を追いかけながら、激動の時代を生き抜いた私たちの祖先の知恵に学んでいきたい。中世人のソーシャル・ネットワークの作り方。それは、「ポスト3・11」の不安な時代に生きる私たちにとって、一つの参考になるだろう。ひいては、人類史の未来を構想する手がかりにもなるかもしれない。

なお本書では、一般読者の便宜を考慮し、史料を引用する際、原史料が漢文で書かれている場合も仮名まじりの書き下し文に改め、さらに現代語訳を付した。

第Ⅰ部　一揆とは何か

第一章　百姓一揆は幕藩体制がお好き？

竹槍一揆の歴史は十年間

皆さんは「一揆」と聞くと、どのようなものをイメージするだろうか。私が高校時代の同級生などに尋ねると、たいていは「農民が竹槍を持って悪代官を襲う」といった答えが返ってくる。おそらく、この漫画『カムイ伝』（白土《しらと》三平《さんぺい》著）的なイメージが一般的な一揆認識だろう。

ところが、竹槍で戦う一揆が登場するのは、実は明治になってからのことなのである。百姓一揆に関する史料を網羅的に蒐集した青木《あおき》虹二《こうじ》氏の研究によれば、江戸時代に発生した百姓一揆は三七一〇件である。そのうち、一揆が竹槍で役人を殺害した事例はわずか一件にすぎない。

明治初年、明治新政府の西洋化・近代化政策に反発する、いわゆる「新政反対一揆」が頻発した。この時に一揆が武器として用いたのが竹槍であった。有名なものとしては、明治六年(一八七三)に起こった「筑前《ちくぜん》竹槍一揆」がある。この一揆では、人々は文字通り竹槍で武装した。その時に使われたという竹槍は現在も残っている(福岡市博物館所蔵)。

戦時中の竹槍訓練か、はたまたゲームソフト「ドラゴンクエスト」の影響からか、竹槍には貧弱な武器という印象がつきまとうが、その殺傷力はかなりのものらしい。明治二年の梅村騒動《うめむらそうどう》を題材にした江馬修《えましゆう》の昭和十三年の歴史小説『山の民』では、一揆に参加している年寄が若い連中に竹槍の作り方を具体的に説明し「人間の一人や二人、らくに田楽刺しにできる」「鉄の槍なんかよりよう斬れる」と語っている。江馬修は本書の執筆にあたって、梅村騒動の舞台である飛驒高山《ひだたかやま》(江馬の故郷でもある)に入って綿密な取材を行っている。したがって右の記述も取材の裏付けがあるものと思われる。

教科書に「竹槍でドンと突き出す二分五厘」という言葉が載っていたことを覚えているだろうか。相次ぐ地租改正反対一揆を受けて、明治十年に新政府が地租を三%から二・五%に引き下げたことを風刺した川柳である。この頃には「一揆と言えば竹槍」という認識が広まっていたのだろう。

こうした竹槍一揆は明治十年代には沈静化し、民衆の反政府運動は自由民権運動へと移行する。よって、竹槍一揆の歴史はわずか十年ちょっとに過ぎない、ということになる。

にもかかわらず、一揆→竹槍という連想が今も根強いのは、なぜだろうか。

このような通俗的イメージの形成には、どうやら自由民権運動家が一役買っているようだ。新政反対一揆の挫折後、民権家は竹槍一揆を「古代野蛮の風習」として否定的に捉え、進歩的・平和的な自由民権運動の優越性を説くようになった。富豪の米や金を強奪して貧民にばらまくのが民権運動なら、大泥棒の石川五右衛門《いしかわごえもん》や鼠小僧《ねずみこぞう》も民権家ということになってしまう、竹槍をふるって暴れるのはもう古い、それよりも国会開設を要求していこうじゃないか、というわけだ。

民権家の小室信介《こむろしんすけ》は、「封建時代《ほうけんじだい》圧制《あっせい》ノ官吏《かんり》ニ抵抗シ」て処刑された江戸時代の百姓一揆指導者（義民）の事跡を尋ね、『東洋民権百家伝』（明治十六〜十七年）という伝記集を編んだ。そこには「竹槍蓆旗《ちくそうせっき》」という紋切り型の表現があちこちに見える。

明治十七年、秩父事件が発生した。侠客・自由党員に指揮された秩父地域の農民が租税の軽減、借金の据え置きなどを政府に訴えるために武装蜂起したもので、自由党の激化事件として知られる。当時の新聞はこの事件を「暴徒」「竹槍蓆旗」「百姓一揆を起こしたるに過ぎず」と否定的に報道した。一揆勢は竹槍隊だけでなく抜刀隊や鉄砲隊も組織していたのだが、封建性・反動性を強調するために「竹槍蓆旗」と表現したのだろう。

こうした言説が広く流通した結果、竹槍と蓆旗《むしろばた》は、百姓一揆のシンボルとして扱われた。

たとえば島崎藤村《しまざきとうそん》の『夜明け前』第二部（昭和十年）には「今度の百姓一揆はその町の空を大橋の辺から望むところに起こった。うそか、真実《まこと》か、竹槍の先につるした蓆の旗がいつ打ちこわしにかつぎ込まれるやも知れなかったようなうわさが残っていて、横浜貿易でもうけた商家などは今だに目に見えないものを警戒しているかのようである」という記述がある。

江戸時代の百姓一揆は竹槍を武器として用いなかったので、竹槍一揆は時代遅れどころか、直近の流行である。だから「古代野蛮の風習」という捉え方は明らかに誤りなのだが、この誤解は以後の一揆研究者にも継承された。「明治の竹槍一揆は前代の百姓一揆の延長線上にある」という思いこみから百姓一揆研究が完全に解放されたのは、一九八〇年代以降のことである。「江戸時代は（文明開化の明治時代と違って）封建的で野蛮な時代」という偏見に長らく支配されていたからだろう。一種の「維新史観（薩長史観）」である。

しかし現実の竹槍一揆は、長い一揆の歴史の中で、たった十年を占めるにとどまるのだ。

「刀狩り」の真相

江戸時代の百姓たちが手に竹槍をさげて一揆を起こすことはなかった、ということは既に述べた。では、百姓一揆の道具とはどのようなものか。藪田貫《やぶたゆたか》氏によると、一番メジャーな「得物《えもの》」は鎌と鍬《くわ》だった。最も基本的な農具であり、どんな百姓でも所持していたものである。他に鳶口《とびぐち》や鋸《のこぎり》、斧、熊手なども用いられた。いずれも百姓が山野や田畑などでの作業に用いる道具である。いわば生産用具であって、決して武器ではない。

なぜ、こんな頼りない道具で戦うのか。昔は「百姓たちは刀狩りで武器を取り上げられてしまったため、仕方なく手近にある道具で戦った」と考えられていた。これまた「江戸時代暗黒史観」である。しかし研究が進むにつれて、この理解が間違っていることが分かってきた。

豊臣秀吉《とよとみひでよし》の刀狩りは、時期や地域によって実施方法に差があるが、共通点としては、刀・脇差《わきざし》の没収に力点を置いていることが挙げられる。弓矢や鉄砲の没収には関心がなかったのである。では、刀・脇差は根こそぎ没収されたのかというと、それすら多分に形式的なものであった。百姓一人につき大小一腰（刀と脇差の計二本）を提出したりとか、いったん提出した刀剣が返却されたりとか、武装解除には程遠いものであった。

藤木久志《ふじきひさし》氏によれば、秀吉の刀狩りは、百姓の帯刀を免許制とし、帯刀の有無によって侍と百姓を峻別《しゅんべつ》することを目的としていたという。日常的に刀を持ち歩く武士と、大名の許可がなければ刀を指せない百姓という形で、身分の違いが外見からはっきり分かるようにしたわけだ。要するに武装解除ではなく身分統制が眼目だったのである。それは武士なのか百姓なのかよく分からない中途半端な存在をなくす（教科書的に言うと「兵農分離」）ということだ。秀吉が刀狩りに加えて、浪人を村から追い出すよう命じたのも、そのためだった。

この方針は江戸幕府にも継承され、幕府や藩も村から武器を全て没収することはなかった。百姓が刀を指すことを原則的に禁止する（実際には多くの例外規定があった）、というのが基本姿勢であった。派手で大きな刀を差すのは禁止するという法令もあり、百姓が武士のような格好で歩くのが問題視されていたことが判明する。これも身分の違いをはっきりさせるのが目的と言えよう。持っていてもいいが見せびらかすな、ということだ。

つまり江戸時代の百姓は多くの武器を持っていた。鹿・猪《いのしし》・猿・雉《きじ》など害鳥獣の駆除のために鉄砲を所有することすら免許制で認められていたのである。にもかかわらず、百姓一揆は刀も鉄砲も使わない。鉄砲を鳴物《なりもの》（合図）に用いることはあったようだが、人に向けて撃つことはない。あくまで鍬や鎌で戦うのである。

飛び道具を使うな

さて江戸時代前期においては、将軍・藩主への直訴《じきそ》とか逃散《ちょうさん》とかいった非暴力的な形態の百姓一揆が多かった。逃散とは集団逃亡であり、現代風に言うとストライキである。直訴は、代官などの中間管理職を飛び越えて、藩主や将軍（後に幕府老中）といったトップに代官の不正などを直接訴えるというスタイルである。だから一揆が幕府や藩と武力衝突することは基本的になかった。当然、武器を用いることはない。

けれども江戸中期になると、全藩一揆（惣百姓一揆《そうびやくしよう》）と評される一揆が主流になる。これは何千何万もの百姓が決起するという大規模な百姓一揆であり、百姓たちを苦しめる村役人や豪農・米屋の家屋・家財道具を打ちこわす、といった破壊行為も伴った。ただし、家屋を完全に破壊することはほとんどなく、柱や壁に傷をつける程度であった。家屋への放火や略奪も、一揆の指導者たちによって禁止された。

ところで、この時期になって、百姓一揆が急に規模を増したのは、どうしてであろうか。一般的には、幕府や藩が財政危機を乗り切るために年貢増徴策に乗り出し（これを学界では「中期藩政改革」と呼ぶ）、百姓たちから激しい反発を受けたため、と説明される。「財政再建のための増税」というフレーズはどこかで聞いたような気がするのだが、それはともかく、年貢増徴うんぬんは直接的な要因でしかない。もっと構造的な変化が背景としてあった。

もともと武士は、幕府なり藩なりから与えられた領地を自ら統治する領主であった。しかし中には、自分の領地の百姓から異常に高い年貢を取り立てる、とんでもない武士もいた。すると、百姓たちは直訴や逃散によって、領主の悪政に対抗するのである。実際、徳《とく》川家康《がわいえやす》が征夷大将軍となって江戸幕府を開いた年に出された法令には、「隣郷」と同量の年貢を奉行所に納入すれば、どこへ逃散しても構わない、という規定がある。隣村と比べて極端に高い年貢をかけられて苦しんでいる村の場合、適正な量の年貢を納入すれば逃散は許可されるのである。領主による搾取がいかに問題視されていたかが分かる。

このような弊害をなくすため、幕府や諸藩では、年貢収納などの業務を個々の武士に代わって官僚機構が行うようになった。これを「初期藩政改革」と言う。武士たちは村に自分で行かなくても自動的に年貢収入を得られるようになり、サラリーマン化する。こうなると、隣の村と年貢率が全然違う、ということはなくなる。藩の農業政策は領内全体に統一的に実行されるから、藩内の村々は利害を共有する。ここに、一カ村にとどまらず藩領全体で百姓たちが連帯する全藩一揆の素地が作られたのである。

話を元に戻そう。全藩一揆は権力者に圧力をかけて自分たちの要求を強引に認めさせる活動なので、当時は「強訴《ごうそ》」とも呼ばれた。従来の直訴や逃散とは明らかに段階を画する暴力的な一揆であり、幕府や藩に大きな衝撃を与えた。しかし、この場合も、百姓一揆は武器を用いなかったのである。

寛延《かんえん》二年（一七四九）に姫路《ひめじ》藩を揺るがした全藩一揆、いわゆる姫路藩寛延一揆は、正月二十八日には前之庄組の大庄屋《おおしょうや》・北八兵衛の邸宅を襲撃した。この打ちこわしの際に一揆側が用いた道具は、棒、唐鍬《とうぐわ》、斧、鎌、鳶口、竹杖《ちくじょう》などであった。姫路藩は一揆鎮定のために出兵し、穏便な態度で一揆に臨んだが、一揆は藩兵を恐れるどころか弱腰と見て図に乗ったため、止むを得ず威嚇射撃を行ったという。

姫路藩から報告を受けた大坂城代は、一揆が鉄砲を持っていたかどうかを問いただし、藩側は「飛道具（鉄砲）は持っていなかった」と回答している。大坂城代は姫路藩に対して「飛道具（鉄砲）を用いることは無用である」と、鉄砲使用を禁じている。一揆側が鉄砲を使用していない以上、騒乱の激化を避けるためにも藩側も鉄砲使用を自粛すべきとの判断であろう。その後、江戸の老中は強硬弾圧を指示し「飛道具（鉄砲）を用いてもよい」と発砲を許可しているが、幕府の許可がないと藩が鉄砲を使えない点は興味深い。鉄砲を使用するには事前に幕府の許可が必要という不文律は、やがて制度化される。

そもそも領内での百姓一揆の発生は、「統治の失敗」として幕府から責任を追及される恐れがあった。一揆が大規模化・長期化すると、最悪の場合、藩主は改易（城と領地の没収）された。このため、藩や代官は一揆を穏便に解散させる必要があった。このため、百姓が鉄砲を使用しない限り鉄砲を使わないよう心掛けたのである。

非武装を貫く百姓一揆

どうして百姓は鉄砲を持っているのに、百姓一揆の際に鉄砲を武器として使わないのか。百姓たちの主張に耳を傾けてみよう。

元文《げんぶん》四年（一七三九）に鳥取藩で発生した全藩一揆（「鳥取元文一揆」「因伯《いんぱく》一揆」などと呼ばれる）では、年貢の軽減を求めて鳥取城下に押し寄せる一揆勢に対して藩の役人が「藩にお願いしたいことがあるのなら、武器同然の棒や鎌は捨てろ」と呼びかけている。要するに棒や鎌で藩を脅迫するのはやめて、平和的な方法で訴えろ、ということである。

これに対して百姓たちは、

百姓の使い慣れた道具は鎌・鍬以外ない。田畑で農作業をする時はもちろん、一揆として御城下に押し寄せている今も、手放すことはない。

（百姓の得道具は鎌・鍬より外になし、田畑に出よふが、御城下に出よふが、片時もはなしはせじ）

と口々に答えたという（『因伯民乱太平記』）。百姓には農具を持つ権利がある、というわけだ。

要するに鎌や鍬は百姓のシンボルであった。鎌や鍬を使っても鉄砲や弓矢を使わないことは、自分たちが百姓身分を逸脱していないということを幕府や藩に示すアピールだったと思われる（ちなみに旧ソ連の国旗は、農民の象徴である鎌と工員の象徴であるハンマーを組み合わせたデザインとなっていた）。百姓が武士のシンボルである武具を使用するのは完全にアウトだが、農具や大工道具を使う分にはギリギリセーフである、と彼らは考えていたのだ。

百姓に怪我でもあらば、御気の毒

天保《てんぽう》七年（一八三六）、三河国加茂《みかわのくにかも》郡（現在の豊田市）で一揆が起こったが、挙母《ころも》藩や岡崎藩の出兵によって鎮圧され、首謀者の辰蔵《たつぞう》が捕らえられた。国学者の渡辺政香《まさか》が著した加茂一揆の記録『鴨《かも》の騒立《さわだち》』によれば、辰蔵は取り調べの場で、次のように述べたという。

岡崎の殿様、挙母の殿様、そのほか御大名の皆様が、弓矢や鉄砲を携えた大げさな御行列を組んでいらっしゃった様は、まるで、これまで見た事もございません大昔の戦争のように思います。なんとまあ驚きました。鎌・鋤《すき》よりほかに持つ事を知らない百姓どものことですから、お上の御命令とあらば鎮まりそうなもの、それなのにあまりにものものしい御行列と恐れながら存じます。昔から「農民は天下の御百姓」と申しますから、お上にも御大切に御取り扱いいただかなくてはなりません。武器をお使いになった結果、百姓に怪我でもあったら、たいへん残念なことではありませんか。
（岡崎様、挙母様、其外《その》御大名の歴々、張弓・鉄砲火縄などそへて仰山《ぎようさん》な御行列、是迄《これまで》見た事もござらぬ古《いにしえ》の軍《いくさ》の体《てい》と存じられます。ナントマア、鎌・鋤より外に持《もつ》事知らぬ百姓共、御上意とあらば鎮まりそふなもの。あまり厳重過ぎた御行烈と、憚《はばか》りながら存じます。兼《かね》て承りまするに、農人《のうじん》は天下の御百姓とて、上《かみ》にも御大切に御取扱、其《その》百姓に怪我でもあらば、御気の毒と存《ぞん》じます）

鎌や鋤しか持たない百姓に対して藩兵が鉄砲まで持ち出して徹底的な武力弾圧を行ったこと（「あまり厳重過ぎた御行烈」）を、辰蔵は批判している。百姓側が暴力を抑制しているのだから、藩側も力ずくで鎮圧すべきではない、という主張が見てとれる。

辰蔵の「天下の御百姓」という考えも興味深い。深谷《ふかや》克己《かつみ》氏が言うところの「御百姓意識」の発露であろう。辰蔵たちは社会秩序の変革を目指しているわけではない。むしろ逆で、「お上」を尊重している。そして鎌や鋤しか持たないところからも分かるように、耕作者＝「百姓」という身分に非常にこだわっている。なぜならば、彼らが百姓であることをやめない以上、藩は為政者として、彼らの訴えを聞き届ける義務があるからだ。

このような理屈を専門用語で「仁政《じんせい》イデオロギー」という。大ざっぱに言えば、武士は百姓がちゃんと生活できるように(これを当時の言葉で「百姓成立《なりたち》」と言った)よい政治をすべきであり、百姓も善政に感謝して年貢をきちんと納めるべきだ、という考えで、初期藩政改革が実施される過程で浸透した。「百姓の生活が第一!」というわけだ。

百姓一揆が悪役人の処罰を要求し、藩がしばしばこれを受け入れるのも、右の論理に基づく。悪いのは一部の役人であり、お殿様はだまされているだけ、本当はお優しい方なのだから、我々の苦境を知ればお救い下さるはずだ、というわけだ。百姓一揆は幕藩体制という江戸時代の支配構造を容認していた。それは彼らが従順であったことを意味しない。むしろ権力側の「仁政イデオロギー」を逆手にとるしたたかさを備えていたのである。

この姿勢は、訴願よりも打ちこわしに行動の重点が置かれた幕末の世直し一揆にも受け継がれている。一例として武州騒動を挙げよう。慶応《けいおう》二年(一八六六)六月十三日、武蔵《むさしの》国秩父《くにちちぶ》郡上名栗《かみなぐり》村(現在の埼玉県飯能《はんのう》市)の百姓が、飯能の米屋を打ちこわした。幕府による第二次長州征伐に便乗した米の買い占めに激怒したためで、いわば江戸時代版「米騒動」である。この一揆は次第に規模を増して武蔵一円に広がったが、村々に廻状《かいじょう》(後述)で参加を呼びかける際、「刀や脇差は持たず、鍬・鎌・鋸のようなものを持って集まるように」と言っている。

どうして武器を使わないのか。その理由を一揆参加者の一人は、

我々百姓は百姓だけの考えで、世の見せしめに悪人をこらしめるだけだ。決して人殺しの道具は持たない。

（百姓は百姓だけの趣意にて、世の見せしめに不仁の者をこらすのみ、敢《あへ》て人命をそこなふ得物は持たず）


と語っている（『秩父領飢渇一揆』）。家屋を壊すことはあっても、人を殺すようなことはしない、というのが百姓一揆のルールだった。そして、その根源には百姓たちの身分意識があったのだ。

なお右の発言は、川越《かわごえ》の城下町に押し寄せた一揆勢に対し川越藩の軍勢が発砲したことを非難する中で（「各《おのおの》暫《しばらく》鉄砲をやめ給へ……百姓共を相手として、あまり仰山なる御仕方……」）飛び出したものである。この言葉に続けて、百姓たちは「そっちがその気なら、我々も武器を使うぞ」と武士たちをおどかしているが、実際には武器を使用しなかった。

もっとも、武州騒動において一揆側が鉄砲で幕府軍を攻撃したという証言もある。こう

した史料を重視する研究者は、幕末になると百姓一揆の非武装・非殺傷のルールが守られなくなり、一揆が「悪党」化した、と説く。しかし保坂智《ほさかさとる》氏は、一揆勢が鉄砲を使ったという記述は幕府側の史料にしか見られず疑わしい、と批判している。幕府軍は一斉射撃によって一揆を鎮圧したので、「一揆が先に鉄砲を撃ってきたので、仕方なくこちらも撃った」と正当化する必要があったのだろう。

凶暴な明治の新政反対一揆

これに対して明治の新政反対一揆では、新政府側の役人が殺されている例が少なくない。また、一揆側が具体的な要求を掲げていない点も江戸時代の百姓一揆とは大きく異なる。もちろん彼らは「徴兵制反対」とか「廃仏毀釈《はいぶつきしやく》反対」とか「地租改正反対」とか色々なことを言っている。だが松田《まつだ》之利《ゆきとし》氏が指摘するように、新政反対一揆は特定のテーマにしぼって反対しているのではなく、明治政府の新政策＝「新政」全てに反対しているのだ。

新政反対一揆は、新政府に要求をつきつけるのではなく、新政府そのものを否定している。だから一揆の側も新政府の側も妥協することはできない。相手を倒すまで徹底的に戦うしかない。一揆は、竹槍はもちろんのこと、時には鉄砲や刀まで持ち出して戦った。いわば殺し合いだから、大勢の犠牲者が出るのは必然だった。

新政反対一揆が新政への敵対心をむきだしにしたのは、なぜか。それは、新政府の改革があまりにも急激な上、人々に前代以上の負担を強いるものだったからだろう（「血税」＝生き血を絞られる、などの勘違いもあったが）。民衆の間では、突如自分たちの上に出現した権力への不信と反感だけが高まっていった。「これなら徳川さまの方が良かった」と。

新政反対一揆の中には明治政府の解放令に反対して被差別民を襲撃したものもある。百姓も被差別民も平民とする「四民平等」に反発し、「天下の御百姓」としての身分的特権を維持しようとしたのである。良くも悪くも、江戸時代の厳しい身分制度は社会の安定化に役立っていた。そのタガが外れた時、百姓の不満や差別意識は容易に暴力へと転化してしまったのである。

江戸時代の百姓一揆にとって、「仁政」を標榜《ひょうぼう》する幕府や藩は交渉可能な相手であった。だからこそ一揆は幕藩権力との正面からの敵対を避けた。そのための非武装だったのだ。

百姓一揆は「一揆」を自称しない

江戸時代初期、十七世紀の百姓一揆の主要な闘争形態は直訴と逃散である。従来の研究では、百姓の直訴や逃散は幕府や諸藩によって禁止されており、こうした違法な行為に及んだ者は厳罰に処せられる、と言われていた。

しかし保坂智氏によると、直訴や逃散の罪による処刑と考えられてきた諸事例は、直訴や逃散という行為そのものを問題視して処罰したのではなく、訴えを吟味した上で百姓たちの主張を非とみなして処罰したものだという。つまり百姓たちは敗訴した結果、処罰されたのであり、直訴や逃散という行為のみをもって処罰されたのではない。実際、直訴や逃散による百姓の要求が通り、かつ百姓たちにお咎めなし、というケースも多く見られる。したがって十七世紀段階では直訴や逃散は基本的に容認されていたということになる。

直訴は厳禁であり、直訴する百姓たち、特にその代表者は自分の命を捨てる覚悟で事に臨んだ、というイメージは、我が身をなげうって村を救った下総国《しもうさのくに》佐倉《さくら》藩公津《こうづ》村の名主《なぬし》・佐倉惣五郎《そうごろう》の伝説など、全国各地に伝わる義民物語に負うところが大きい。しかし、これらの義民物語は創作・脚色されたものであり、史実ではない。幕府は次第に直訴を制限するようになるが、完全に違法化することはできなかった。

ところが十八世紀になると、全藩一揆＝「強訴《ごうそ》」が各地で頻繁に発生するようになった。それまで幕府が想定していた百姓一揆は、一カ村あるいは数カ村程度のものであり、数千人規模の百姓一揆に対応した法律を用意していなかった。依拠すべき基準がないため、幕府・諸藩の百姓一揆への処罰は恣意的なものになってしまい、場合によっては、逮捕後に吟味もしないまま即座に斬首するなど非常に苛酷な処分が行われた。

こうした問題を解決するため、享保期《きょうほう》以降、幕府は百姓一揆に対する処罰規定を徐々に整備していく。たとえば八代将軍徳川吉宗《よしむね》が寛保《かんぽう》二年（一七四二）に制定した法令集『公《く》事《じ》方御定書《かたおさだめがき》』には「地頭に対し強訴、其上《そのうえ》、徒党いたし逃散の百姓、御仕置ならびに取鎮《とりしずめ》の事、頭取《とうどり》は死罪、名主は重追放、組頭田畑取」という条文がある。頭取、つまり一揆（強訴・逃散）の首謀者は死刑である。諸藩でも同様の対応が採られ処罰基準が統一された。

現代人の感覚で見ると、強訴・逃散に対して非常に厳罰で臨んでいると映る。だが、首謀者を死刑にするという規定は、逆に言えば、他の参加者は死刑にならないということであり、いきなり多数の百姓の首をはねるという従来の措置に比べれば〝人道的〟である。ちなみに江戸時代の死刑方法は複数あり、「死罪」よりも残酷な「磔《はりつけ》」や「獄門《ごくもん》」などがあった。その意味でも「頭取は死罪」という規定は相対的には〝慈悲深い〟のである。

ただし、『公事方御定書』の段階で初めて百姓一揆が違法行為になったわけではない。島原《しまばら》の乱が鎮圧（一六三八年）された後、百姓が「徒党」を結ぶことは原則的に禁止された。つまり寛永《かんえい》期以降、タテマエとしては「一揆」は禁止だったのである。

だから百姓たちは自分たちの行動を「一揆」とは決して呼ばない。「一揆」と名乗ってしまうと、幕藩体制に対する明確な反逆行為として厳しい処罰を受けるからである。

江戸時代は「一揆」禁止の時代

寛延二年（一七四九）、陸奥国伊達《むつのくにだて》・信夫《しのぶ》両郡の幕領六八カ村の百姓たちが桑折《こおり》代官所へ押し寄せ、年貢の減額・延期を要求した。この天狗廻状《てんぐかいじょう》騒動を記録した『伊信《いしん》騒動記』には、

今回の騒動は、寛永年間の天草四郎《あまくさしろう》や慶安《けいあん》年間の由井正雪《ゆいしょうせつ》らが起こしたような一揆ではなく、嗷訴《ごうそ》なので、武器を持たないのはもちろんである。

（此度の騒動、寛永・慶安の頃、天草四郎や由井正雪等の類の一揆にはあらで、嗷訴のことに候得《そうらえ》ば、手道具を不持《もたざる》は勿論のこと）

とある。島原の乱や由井正雪の乱のような「一揆」とは違って「嗷訴」（強訴）であるため、百姓たちは武器を持たなかったというのである。

また『伊信騒動記』には、伊達・信夫両郡の名主たちに対し作者が説得を行うシーンが描かれているが、そこでは「徒党の百姓が何千人いようと、嗷訴ゆえに手道具・飛道具は持っていないだろうから、鎮圧軍が到着したらひとたまりもない」「今回の騒動は一揆ではなく、御代官の非道を恨んでの嗷訴なのだから、これだけのことをやれば恨みはもう晴

れただろう。速やかに解散すれば、私が御代官と掛け合い悪いようにはしない」などというロジックが用いられている。徹底抗戦の「一揆」に対し、非武装・対話を基本姿勢とする「嗷訴」という、鮮やかな対比が見てとれる。

寛延年間（一七四八—五〇）に全国各地で勃発した全藩一揆を受けて、寛延三年、幕府は一揆禁令をさらに強化する。そこには「御代官陣屋え大勢相集《あいあつまり》、訴訟いたし候儀《そうろうぎ》も有之《これあり》、不届き至極に候」とあり、天狗廻状騒動のような強訴を絶対に許さないという幕府の政治姿勢が強く示されている。

一揆はダメでも強訴なら問題ないだろう、という百姓側の論理は幕府には通じなかったのである。とは言え、百姓たちが基本的に非武装を貫き、「一揆」＝武装蜂起と認定されないよう苦心したことは、やはり注目すべきことである。実際、武装しない方が百姓一揆の成功率は高く、非武装は合理的な作戦であった。

キリシタン（キリスト教徒）の天草四郎をリーダーとして寛永十四年（一六三七）に蜂起した島原の乱は、幕府軍と一揆軍の全面対決となった。幕府側は最終的に一三万近い兵力を動員しており、内戦と言っても過言ではないレベルの戦乱だった。何しろ最初の討伐軍司令官の板倉重昌《いたくらしげまさ》は一揆勢の鉄砲で撃たれて戦死しているのだ。幕府軍も鉄砲や大砲で一揆軍を攻撃した。

島原の乱の結末は悲劇だった。原城に籠城していた一揆勢三万七〇〇〇人は、老人や女性、子供も含め、全員が殺されたという。原城が落城する前に脱出した者も少なくなかったという説もあるが、いずれにしても多くの人が殺されたことは確実だ。以後、幕末までこれほど大規模な戦争は起こらなかった。そのため「島原の乱までは戦国時代の延長だ」と主張する研究者もいるぐらいだ。島原の乱は、それだけ大きなターニング・ポイントだった。

島原・天草一揆の鎮圧により幕藩体制が確立し、平和な時代が訪れると、百姓たちは多くの被害を出す「一揆」＝武装蜂起という選択肢を捨てた。武器を使わない抗議活動に転換した。これが百姓一揆である。百姓一揆が「一揆」を自称しないという一見すると奇妙な現象は、百姓たちのこうした〝非武装路線〟の結果、生まれたものである。

幕府側も自制し、百姓に鉄砲を向けることは極力避けた。幕府と百姓が鉄砲を撃ち合えば、島原の乱の時のように双方に多くの死傷者が出る。だからお互いに武力行使は控える。江戸時代はまさしく「一揆」禁止の時代であった。

第二章

中世こそが一揆の黄金時代

荘家の一揆・土一揆・国人一揆

一揆が禁止されていたか否か。この点で中世社会は近世社会と一八〇度異なる。中世においては、一揆は社会的に認められていた。だから一揆を結ぶ者たちは「一揆」を自称していた。

また江戸時代には「一揆の参加者は百姓である」という社会通念があった。実際、江戸時代の一揆イコール百姓一揆であり、他の一揆はない。ところが中世の場合、百姓だけが一揆を結んだわけではない。武士も僧侶も一揆を結んだのである。公家が「一揆」を自称した例は残念ながら知らないが、公家の世界でも一揆的な結合は見いだせる。

近世の一揆は百姓一揆オンリーだが、中世の一揆は多種多様である。あまりに多すぎて分類するのも結構たいへんなのだが、かいつまんで紹介しよう。

まず百姓が結成する一揆であるが、「荘家《しょうけ》の一揆」というタイプが有名である。これは荘園領主に対して年貢の減額や代官の更迭などを請願する一揆で、江戸時代の百姓一揆と性格が似ている。ただし、荘園領主に訴えるという性質上、荘園単位で一揆を結んでいる。たとえば京都の東寺《とうじ》（「教王護国寺《きょうおうごこくじ》」ともいう）の荘園である若狭国太良荘《わかさのくにたらのしょう》（現在の福井県小浜《おばま》市）だったら、「太良荘御百姓等」が一揆を結んで「東寺　御公文所《おんくもんじょ》」に要求を出す、という形をとる。

京都の東寺が若狭国に荘園を持っていることからも分かるように、荘園領主と荘園は遠く離れていることが多い。そこで荘園領主は荘園を治めるために、荘園の現地に管理事務所を作り、そこに代官を置く。この事務所のことを「荘家」というのだが、転じて荘園現地全体のことも「荘家」と呼ばれた。そのため荘園の百姓たちが寄り集まって結ぶ一揆を指して「荘家の一揆」と呼ぶのである。

次に「土《つち》一揆」。酒屋や土倉などの金融業者を襲撃して幕府に徳政令を出させることで借金をチャラにする、というタイプの一揆、つまり徳政一揆を指すことが多いが、それ以外の一揆を指すこともある（後述）。教科書では正長《しょうちょう》の土一揆（一四二八年）が特筆されるが、その後も土一揆は多発している。最初のピークは一四五〇年代から六〇年代にかけての二十年間で、この時期には計八回の土一揆が京都を襲っている。三年に一回は発生するペースだ。

昔は、土一揆は荘家の一揆の巨大バージョンと考えられていた。一つの荘園に収まらない広域的な農民一揆、という理解である。興福寺《こうふくじ》の僧侶である大乗院尋尊《だいじょういんじんそん》も、正長の土一揆について「土民蜂起す」と叙述しており（『大乗院日記目録』）、「土一揆」という言葉の字面を見る限りでは、土一揆は土民、つまり百姓の一揆である、そう考えたくなる。

だが近年は、百姓だけの一揆と見るのは難しいという意見が有力である。武士や牢人《ろうにん》なども参加し、彼らが「大将」として土一揆を指揮していたケースが目立つのだ。ちなみに江戸時代初期に勃発した島原《しまばら》の乱でも、大名に仕えていたものの大名家の倒産・リストラにより職を失った武士たち、つまり牢人が多数参加していた。このため神田千里《かんだちさと》氏は島原の乱を「最後の土一揆」と評価している。

古い研究では土一揆と百姓一揆の違いが意識されなかった。しかし、武士と百姓が混在している土一揆は、「天下の御百姓」と称し「百姓を救うのは統治者である武士の義務」と訴えた近世の百姓一揆とは区別すべきだろう。

武士だけで構成されている一揆もある。だが、少々困ったことがある。ネーミングである。「荘家の一揆」や「土一揆」という言葉は同時代史料に登場するのだが、武士の一揆が当時どのような名前で呼ばれていたのか、よく分からないのである。

仕方がないので、本書では研究者が便宜的に使っている「国人《こくじん》一揆」という造語を採用する。「国人」は南北朝・室町時代の史料でよく見られる言葉で、本来的には「その国の人」という意味を持つ。「安芸《あき》国人」とか「美濃《みの》国人」という風に使われた。とは言え、安芸国に住んでいる人がみんな「安芸国人」と呼ばれるわけではなく、基本的には武士層を指す。このため、武士の一揆は「国人一揆」と名付けられたのだ。

この研究用語には批判もあって、「領主一揆」という言葉を提案する人もいる。ただ本書では、そういう細かい議論には立ち入らないので、一番ポピュラーで教科書にも載っている「国人一揆」という言葉で通したい。この「国人一揆」の検討は本書のメインなので、詳しい説明は次章以降に譲る。

「暴動」か「正義」か

以上、参加者の身分、つまり百姓か武士か、によって分類してきたが、こうした分類が通用しない一揆もある。同じ宗教を信じる者たちが信仰心によって結集した一揆、宗教一揆である。日蓮宗《にちれんしゅう》（法華宗《ほっけしゅう》）の信者による一揆である法華一揆や新義《しんぎ》真言宗《しんごんしゅう》の根来《ねごろ》一揆もあるが、やはり最も有名なのは一向宗《いっこうしゅう》門徒による一揆、一向一揆であろう。

一向宗というのは、親鸞《しんらん》を開祖とする浄土真宗《じょうどしんしゅう》、中でも本願寺《ほんがんじ》教団を指す言葉である

（もっとも本願寺自身は浄土真宗と名乗っており、一向宗と呼ばれることは嫌っていた）。この本願寺教団の信徒たちによって結成された一揆が一向一揆である。加賀国《かがのくに》の守護である富樫《とがし》政親《まさちか》を滅ぼした加賀一向一揆については、高校の授業で習ったことと思う。戦国時代最強の一揆が一向一揆であったことは疑いない。「織田信長《おだのぶなが》にとって最大の強敵は、足利義昭《あしかがよしあき》でも武田信玄《たけだしんげん》でもなく、一向一揆であった」という見解があるほどである。

一向一揆が蜂起する理由は、基本的には「仏法」すなわち本願寺教団を守ることにある。ただ実際には、一向一揆には門徒以外の者も参加しており、一向一揆の構成はかなり複雑なものだった。そのため外部からは宗教のための戦いと見られないこともあり、一向一揆を「土一揆」と表記している史料もある。

なお島原の乱も、キリシタン（キリスト教徒）だけの一揆ではなかった。キリシタンではない武士や百姓も、島原藩の重税に反発して一揆に参加していたのだ。宗教一揆と言っても、生活苦から一揆に合流した非信者も含まれ、純粋に信仰心だけで結びついているわけではないので、注意が必要である。

こうした多種多様な一揆が生まれた背景として、一揆を肯定的に評価する社会認識の存在は見逃せない。近世における一揆のイメージは、はっきり言って「暴動」に近い。何しろ「一揆盗賊」「一揆強盗」という罵倒表現があるくらいだ。明らかにマイナス評価なのである。

だから百姓一揆は「一揆」を自称しなかった。これに比べると、中世の一揆イメージは決して悪くない。それどころか、本人たちが堂々と「一揆」を名乗っているほどである。後で詳しく論じるが、中世社会では、ある種の〝正義〟のイメージが一揆に付与されていることすらある。この違いは決定的だと思う。

前章で見たように現代人の感覚では、一揆の代表は百姓一揆ということになりがちだ。しかし「一揆」と自称しなかった百姓一揆を一揆の典型と考えるのは、やはり無理がある。近世の百姓一揆は、「一揆」をネガティヴに見る社会風潮を受けて〝変質〟した一揆であり、一揆の本来の姿を知るには、人々からプラスに評価されていた中世の一揆を検討する必要がある。本書が中世の一揆をメインにすえるゆえんである。

諸大名の「官邸包囲デモ」

戦国時代末期、具体的には十六世紀後半になると、「一揆なんてものは身分の低い百姓たちが結ぶもので、立派な武士は一揆には参加しない」という認識が広がっていく。この一揆を見下す考え方が近世の「一揆」禁止につながっていくわけだが、それ以前の時代には身分の高い者も抵抗感なく一揆を結んでいた、という事実を指摘したい。

康暦《こうりゃく》元年（一三七九）閏《うるう》四月十四日、斯波義将《しばよしゆき》、京極高秀《きょうごくたかひで》、土岐頼康《ときよりやす》・直氏《なおうじ》ら京都にいる大名たちが軍勢を率いて、室町幕府三代将軍足利義満《よしみつ》が居住している室町殿《むろまちどの》、いわゆる花の御所を取り囲んだ。彼らは管領職《かんれい》（将軍の補佐役）に就いている細川頼之《ほそかわよりゆき》の罷免を求めた。後年は金閣に象徴される絶対権力をふるった義満だったが、この時はまだ、武力を背景にした諸大名の強要を拒否する力を持っていなかった。義満は彼らの脅しに屈し、頼之は管領を辞任して三〇〇騎の手勢と共に京都を去り、自分の本拠地である四国へと落ちのびていった。これを歴史学の世界では「康暦の政変」と呼ぶ。

この事件について、京都の上級貴族である三条公忠《さんじょうきんただ》は自分の日記『後愚昧記《ごぐまいき》』に、

佐々木大膳大夫《だいぜんだいぶ》高秀・土岐伊予入道《いよにゅうどう》等以下の一、揆衆のしわざである。

（佐々木大膳大夫高秀ならびに土岐伊予入道等以下の一、揆衆の所行なり）

と記している。斯波氏や京極氏、土岐氏などの大名は室町幕府の最高幹部である。現代の企業にたとえるなら、取締役といったところだろう。そういう人たちが「一揆衆」と呼ばれているのである。まさにこれは、大名の一揆である。

実際、当時「御所巻《ごしょまき》」と呼ばれた彼らの行為は、百姓一揆によく似ている。諸大名は軍

勢を率いて将軍の御所を包囲して、将軍に異議申し立てを行った。百姓一揆も、城下や代官所に押しかけて異議申し立てを行っている(三五・四四頁)。いわば「官邸包囲デモ」である。また諸大名は細川頼之をクビにしろと要求しただけで、将軍足利義満を否定する気は一切ない。百姓一揆も悪役人をクビにしろと言うことはあっても、幕府や藩の支配を拒否することは決してない。

結局、両者の違いは、武装か非武装かという一点のみである。〈武装しない一揆〉というのは江戸時代の常識にすぎないのであって、一揆のスタンダードからは外れている。そのように考えると、諸大名の「御所巻」は、まさしく本来的な「一揆」であると言えよう。

将軍の権力が強くなり室町幕府の支配体制が確立してくると、さすがに将軍に対する露骨な脅迫は行われなくなる。だが、諸大名の一揆は形を変えて生き続ける。

足利義満の後継者である義持《よしもち》、義持の後継者である義教《よしのり》の時代には、将軍の独断専行に対して、諸大名が共同で嘆願もしくは抗議するという慣行が存在した。「御所巻」と違って武装はしていないが、これもまた諸大名の一揆である。将軍と諸大名との関係が安定化した結果、諸大名の一揆が非武装化したと評価できるだろう。幕藩体制の確立にともなって、島原の乱のような武装蜂起がなくなり、百姓一揆という非武装の抗議スタイルが定着したのと、図式としては同じである。

さて足利義教政権の後期には、畠山満家《はたけやまみついえ》・山名時熙《やまなときひろ》の両重臣の死去もあり、義教の専横を諸大名が諫《いさ》めることは少なくなった。このことが、嘉吉《かきつ》の変（一四四一年）で義教が暗殺されるという悲劇を生んだ。また八代将軍足利義政《よしまさ》の時代には、大名間での派閥抗争が激化したため、諸大名が結束して将軍の暴走に抗議することはほとんどなくなった。これが応仁《おうにん》の乱の一因になった。皮肉なことに、将軍にプレッシャーをかける諸大名の一揆の存在こそが、将軍権力を支え室町幕府の支配体制を安定化させていたのである。

誤解されがちだが、この種の「官邸包囲デモ」は暴動や革命ではない。どんなに大げさに表現したとしても、せいぜい〝体制内改革〟といったところなのである。

強訴は理不尽

江戸時代には「強訴《ごうそ》と一揆は違う」という主張が登場していたことは前に述べた（四四頁）。事実、百姓一揆が史料上で「一揆」と表現されることは少なく、百姓が槍や鉄砲で武装している場合など、特殊な事例に限られる。

幕府の法令には「よろしからざる事に百姓大勢申し合わせ候を、徒党と唱へ、徒党して強いて願ひ事企るを強訴と言ひ」（『徳川禁令考』）と記されている。百姓が大勢集まって徒党を組み、自分たちの要望を強引に押し通そうとすることを、幕府は「強訴」と定義したわけだ。これは百姓一揆の行動パターンそのものであるから、強訴＝百姓一揆である。しかし歴史的に見ると、強訴という抗議手段は百姓だけが用いたものではない。中世においては、強訴と言えば、大衆《だいしゅ》（僧侶集団）の強訴を思い浮かべるのが一般的だった。

鎌倉末期に成立した史料に『沙汰未練書《さたみれんしょ》』という書物がある。「沙汰」とは裁判のこと、「未練」とは未熟なことを指す。だから、平たく言えば『沙汰未練書』は、裁判に熟達していない初心者のための裁判マニュアルである。鎌倉幕府の法廷で用いられた法律用語の解説及び訴訟文書の文例を示している。この『沙汰未練書』の中に、

強訴とは理不尽な訴訟のことである〈山門・南都以下の諸社で行われる〉。
（強訴トハ理不尽訴訟也〈山門・南都以下諸社ニ在之《これあり》〉）

という記載がある。山門は延暦寺《えんりゃくじ》の、南都は興福寺の通称である。延暦寺や興福寺のような大寺社をはじめとする諸社が不当な要求をすることを、強訴と言ったのである。

これら大寺社の強訴の歴史は平安時代に遡る。『平家物語』に載る逸話によれば、院政期に専制君主として思うがままにふるまった白河《しらかわ》法皇は、自分の思い通りにならないものが三つだけあると嘆いたが、この「天下三不如意《ふにょい》」は「賀茂《かも》河の水、双六《すごろく》の賽《さい》、山法師」

だという。「賀茂河の水」は鴨《かも》川の氾濫のこと、「双六の賽」とはサイコロの目のことである。そして「山法師」とは、延暦寺の僧徒（山法師）による強訴のことなのである。

山門の強訴の前には白河院ですら手を焼いた。それが理不尽な要求であっても、朝廷は受け入れざるを得なかったのである。まさに「無理が通れば道理引っ込む」というやつだ。

では、強訴の代表格と言える山門の強訴とは、具体的にどのようなものなのか。まず比《ひ》叡山《えいざん》の麓にある日吉《ひえ》神社の神輿《しんよ》が、延暦寺が建っている山上に移され、そこから下山して京都に入り内裏《だいり》（天皇の居所）へと向かう、というのが一般的なあり方だった。数千人の集団が鼓を打ち神輿を奉じて上洛するのだから、まさに一大デモンストレーションである。イメージが湧かない方は、お祭りでおみこしをかついで練り歩く姿を想像してほしい。

神様を怒らすな

山門の強訴を一躍有名にしたのは、嘉保《かほう》二年（一〇九五）に行われた強訴である。合戦の末、山僧《さんぞう》（延暦寺の僧徒）を射殺した源義綱《みなもとのよしつな》（源頼義《よりよし》の子、源義家《よしいえ》の弟）の流罪を要求して、延暦寺の僧徒や日吉社の神人《じにん》たちが日吉社の神輿をかつぎ出したのである。史上初の日吉神輿動座《どうざ》をともなう強訴に対し、朝廷は要求を拒否、断固弾圧することを決定した。命を受けて出動した武士の源頼治《よりはる》は賀茂河原の守備につき山僧たちを撃退、神輿の入京を阻止した。

ところが、この時、頼治の部下が射た矢が山僧・神人に当たり負傷者を出してしまう。しかも神輿にも矢が当たった。神輿は文字通り、神様の乗る輿《こし》である。したがって日吉社の神輿を射るということは、日吉の神様である日吉山王権現《ひえさんのうごんげん》を射ることとイコールなのである。

これに怒った山門は堀河《ほりかわ》天皇と関白の藤原師通《ふじわらのもろみち》を呪詛する。すると、承徳《じようとく》三年（一〇九九）、三十八歳の壮年であった関白師通が急死する。師通は朝廷内で強訴弾圧を主導した人物であったから、当時の人たちは神の罰が下ったと考えた。すっかり怖くなった朝廷は、山僧を攻撃した源頼治を処罰した。

一連の騒動により神輿の宗教的パワーが強く印象づけられることになった。これに味をしめた山門は、自分たちの要求をゴリ押しするために強訴を繰り返すようになる。強訴の際、山門の衆徒たちは甲冑《かっちゅう》や弓箭《きゅうせん》で武装するが（ちなみに「僧兵」という言葉は中世にはない）、実のところ本格的な武力衝突になることは少ない。朝廷は要求を拒絶する場合、神輿の入京阻止のために武士を動員するのだが、武士に防御・拘束は命じても、山徒を攻撃することは禁じるのである。神輿や山僧を傷つけると神罰が当たる恐れがあるからだろう。なので、武士たちは基本的に威嚇射撃しかできなかった。アクシデントで死傷者が出ようものなら、矢を射た武士は処罰された。

強訴をする側も、朝廷に要求を聞き入れてもらうことを目的としており、朝廷を打倒する意思は持たなかった。彼らが内裏に向かうのも、天皇に自分たちの訴えを聞いてもらうためである（上皇のいる院御所《いんごしょ》に向かうこともある）。武装も念のためであり、武士たちと積極的に合戦するつもりはない。というより、本気で戦えば、戦闘のプロである武士たちには絶対勝てないのである。

大衆《だいしゅ》の最大の強みは武力ではなく、「神威」すなわち人々に天罰を下す神の力であった。武士たちも直接攻撃は原則禁止なので、武力行使はできるだけ控えた。双方が戦闘回避を望んだので、強訴は平和的に推移することが多かった。

山門の強訴の場合、要求が通らないと、大声をあげながら大内裏に侵入し門に神輿をすえ付ける（ちなみに奈良の興福寺の場合は、神輿ではなく春日社《かすがしゃ》の神木を放置する）。ここまで達成すると強訴の成功は決まったようなもので、朝廷は神輿の霊力を恐れ、山門の要求をのむことになる。要求が通ると大衆は放置した神輿を回収して比叡山に帰っていく。後先考えずに大暴れしているように見えても、彼らは一定のルールに則って整然と行動しているのであり、その意味で強訴はやはり「訴訟」なのであった。

誤解を恐れずに言えば、大寺社の強訴は、武士の妨害をはねのけつつ内裏や院御所というゴールに向かって神輿を進めていくゲームのようなものである。サッカーやラグビーの感覚に近いと言ったら、言い過ぎだろうか。少なくとも、血生臭い殺し合いのイメージで強訴を捉えることは正しくない。

寺社の強訴はデモ

どうして延暦寺などの大寺社は、直接武力に訴えるのではなく、強訴などという回りくどい手法をとるのだろうか。もちろん、まともに戦っても勝ち目がないということもあるが、より根本的には、朝廷と大寺社の相互依存関係が理由として挙げられるだろう。延暦寺や興福寺、園城寺《おんじょうじ》など強訴を頻繁に行う寺院は官寺、すなわち国立機関なのである。これらの寺院は国家の繁栄を祈り、その見返りに朝廷から経済的給付を受けていた。

しかし大寺社の持つ経済的特権は、地方行政官である国司や他の寺社の利権と競合することがあり、大寺社は自身の利権を維持拡大するために、彼らの妨害を排除しようとする。その時に用いられる手法の一つが強訴であった。朝廷の力で敵対勢力にダメージを与えようとするのである。前述の嘉保の強訴では、延暦寺と源義綱の対立が発端となった。

また寺院内部での派閥抗争がきっかけで強訴が起こる場合も少なくない。院政期には朝廷のトップである院(「治《ち》天《てん》の君《きみ》」という)が寺院の人事にしばしば介入した。そして、院がある僧侶を座主《ざす》や別当《べっとう》などの役職に任命すると、その僧侶の属する派閥と対立する派閥の僧侶たちが院の人事に抗議して強訴を行うのである。つまりは解任要求である。

強訴する側からすると、ライバルをつぶせれば、それでよいわけだ。スポンサーである朝廷をぶっ壊してしまったら、元も子もない。朝廷も、寺社に国家的祈禱《きとう》をボイコットされると、神仏のバックアップを失ってしまい、政治が機能不全に陥る。互いに互いを必要としているため、寺社と朝廷が全面的に衝突することはあり得ないのである。

こうした大寺社の性格は、民衆の救済に尽力した「鎌倉新仏教」との対比によって、「政治権力と癒着し腐敗した」と否定的に見られることが多い。このため、寺社の強訴は、「高尚な思想に基づいて世の中をよくするためにやっているのではなく、自分たちの利益のためにゴネているだけ」と批判されがちである。

確かに、寺社の強訴において双方が暴力を抑制するのは、平和主義の発露ではなく単なる〝なれ合い〟にすぎないとも言える。しかし、別に寺社の強訴に限らず、強訴とは基本的にそのようなものだと思う。今までの研究が強訴を過大評価してきただけの話である。

実際、先に見た寺社の強訴のデモンストレーション的な性格は、百姓一揆のそれに通じるところがある。寺社が朝廷や国家の存在を前提とした上で要求を発しているのと同様に、百姓一揆も幕府や藩を否定することはない。百姓一揆はデモ行為であって武装蜂起ではないのだ。そう考えると、江戸時代の百姓一揆が「強訴」と呼ばれたという事実も、なかなか興味深い。百姓一揆は、平安時代以来の「強訴」の伝統に則って行動しているのだ。

逃散はストライキ――荘家の一揆

江戸時代の百姓一揆だけでなく、中世の「荘家の一揆」も、寺社の強訴と共通点を持っている。中世においては、荘官《しょうかん》（荘園現地の管理人）が荘園領主に対して「百姓たちが荘家の一揆と称して、みだりに嗷々《ごうごう》の群訴《ぐんそ》をしたとしても、これに協力しない」と誓うことが一般的だった。「嗷々の群訴」とは嗷訴、つまり強訴のことであろうから、荘家の一揆は強訴をするもの、という社会的観念が成立していたと考えられる。

さて荘家の一揆による強訴とは、どのようなものか。嘉吉二年（一四四二）二月、山城国《やましろのくに》上久世荘《かみくぜのしょう》（現在の京都市南区久世）の名主《みょうしゅ》百姓らは、荘園領主東寺に用水路整備の費用を請求する際、

名主・御百姓らが一同そろって参上して、定まった形式に則って嘆願書を提出した以上、たとえ過分の訴訟だったとしても、お上として百姓たちの言い分を受け入れるべきである。

（名主・御百姓等一同に連参《れんさん》仕り候て、形《かた》の如く目安を捧げ申し候上は、縦《たと》い過分の訴訟たりと雖《いえど》も、上として御扶持《ごふち》あるべく候）

と述べている（東寺百合文書《とうじひゃくごうもんじょ》）。「過分の訴訟」は「理不尽の訴訟」と同じ意味だろう。名主百姓らが「一同」そろって代官のところに押し寄せて過大な要求をつきつけるとしたら、それはまさしく「強訴」と言える。笠松宏至《かさまつひろし》氏は、寺僧の専売特許であった強訴というスタイルが「土民」たちの武器として登場するようになった点に、時代の変化を見ている。従うべき見解であろう。月並みな言い方になるが、やはりそれは民衆の政治的成長の証だと考える。

中世には集団で押しかけることを「連参」「列《れつ》（烈）参《さん》」と言ったが、「強訴」を行う場合には「列参」するのが基本的なスタイルであった。というより「列参」したら、それは「強訴」なのである。

百姓たちの「荘家の一揆」もしばしば列参強訴したが、寺社の強訴と違って武装はしない。ただし強訴しても要求が貫徹しない場合には逃散《ちょうさん》を行った。逃散とは、百姓たちが一斉に耕作を放棄して村を離れるという抵抗運動で、要はストライキである。ストライキであるから、逃散によって両者の交渉が途絶することはない。逃散後も両者の間で交渉が持たれる。百姓たちが荘園に戻って農作業に従事してくれないと年貢は一切入ってこないから、領主側は要求の一部、時には全部をのむことになる。百姓たちがこれに満足して荘内に帰還すれば（当時の人々はこれを「還住《げんじゅう》」と称した）、役割を終えた荘家の一揆は解散となる。このような経過からは、暴動よりも労働争議が連想されるだろう。

百姓の義務・領主の義務

いずれにせよ、荘家の一揆も寺社の強訴と同様、反権力闘争ではない。年貢をまけてくれとか代官をクビにしてくれとか、そういう条件闘争は行うが、荘園領主を打倒する意図は持っていない。荘園領主の存在を認めた上で、領主と交渉するのが荘家の一揆であった。上久世荘の名主百姓らは、荘園領主には「上」として百姓たちを「御扶持《ごふち》」する義務があると考えており、この保護義務の遂行を求めて荘家の一揆を結成した。江戸時代の百姓一揆が幕府や藩に「仁政」を求めるのと同じ構図である（三八頁）。

したがって荘園領主側も荘家の一揆を全面的に否定することはできない。永和《えいわ》三年（一三七七）、播磨国矢野荘《はりまのくにやののしょう》（現在の兵庫県相生《あいおい》市矢野町）の名主百姓らが荘園領主東寺に代官の祐尊《ゆうそん》の罷免を要求して強訴、逃散を行った。これに対して東寺側は「いかようにも訴訟を致して叙用《じょよう》なきの時、逃散するは次第の沙汰なり、年始に左右《そう》なく逃脱《ちょうだつ》するは言語道断の狼藉《ろうぜき》なり」と荘民の行動を批判している（東寺百合文書）。

通常の手続きで訴えることなく、いきなり逃散するのは言語道断である、という意味であろう。これは裏返せば、まず領主に訴願して、その要求が容《い》れられなかったら逃散する、という手順を踏めば、逃散は許容される、ということである。ちなみに百姓側は「荘内に住みながら代官を訴えるのは危険だから他荘に逃げた」と反論している。

また東寺は、百姓らが去年の年貢を納めないまま逃散したことを非難しているが、これも前年の年貢を皆済《かいさい》していれば逃散してもよい、ということを意味している。百姓が年貢納入という百姓の義務を果たす以上、領主も百姓保護という領主の義務を果たすべきである、という社会通念が垣間見える。

東寺側は「代官の更迭は後日沙汰する」と百姓たちをなだめて、いったん還住させることに成功した。強訴は一時中断となったわけである。ところが百姓の還住後、代官の祐尊は荘家の一揆の切り崩しに動き、ついには播磨守護赤松《あかまつ》氏の力を借りて一揆の武力弾圧に踏み切った。

この点をとらえて守護・荘園領主という支配権力による農民弾圧と評価する意見もあるが、一連の弾圧を主導したのが代官祐尊であることに注意すべきだろう。クビになることを恐れた祐尊は自分に都合のよいように東寺に報告しており、東寺は祐尊の強硬策に引きずられただけである。そして東寺は、守護軍と荘民との間で大規模な武力衝突が起こったことを知ると、祐尊の虚偽報告に気づき、あわてて祐尊を解任している。徹底弾圧にこだわった祐尊と異なり、東寺は波風を立てない形での事件の解決、つまりソフトランディングを望んでいた。だから荘園領主と名主百姓らとの対立面ばかりを強調するのは適切でない。

以上の考察から分かるように、荘家の一揆による強訴も、寺社による強訴と同じく、革命・暴動というよりは、一種のデモと見るべきものである。寺社による強訴は堕落した僧侶たちの私利私欲のための卑怯な手口で、荘家の一揆による強訴は勇敢な民衆が権力に抵抗するための素晴らしい戦術である、といった見方は、偏見でしかない。民衆運動礼賛のマルクス主義歴史学は、見直されなければならないだろう。

そもそも一揆とは何か?

ここまで多彩な一揆を紹介してきたが、「あれも一揆、これも一揆」と言われてしまうと、「そもそも一揆とは何か?」ということが分からなくなってくるかもしれない。そこで、ここからは一揆の本質について考えてみたい。

そのとっかかりとして、中世において「一揆」という言葉が、どのような意味で用いられていたかを見てみよう。

まず「一揆」の語源であるが、「揆」という字はもともと「はかる」、すなわち計量・計測という意味を持っている。そこから派生して教え・方法・行為といった意味を含むようになった。中国の儒教書『孟子』には「先聖《せんせい》・後聖《こうせい》、其揆《そのき》一也《いつなり》」とある。時代や地域が異なっていても聖人の教えは同じである、という意味である。そして日本で「一揆」という熟語が生まれた、というわけだ。

平安時代には、「一揆」は単に「同一である」という意味で用いられていた。鎌倉時代になると、「心を一つにして」「一致団結して」という意味で「一揆」が用いられるようになる。「一揆する／一揆しない」という動詞的用法である。この場合、「同心する」とか「与同《よどう》する」という言葉と、ほぼ同じ意味と考えてよい。

寺社の僧侶などが意思統一をした場合も「一揆する」と表現された。後で詳しく見るが、寺社が強訴をする場合、寺僧全員が心を一つにすること、「一揆する」ことが大前提であった。要するに、一揆した上で強訴するのである。鎌倉時代の人たちは強訴そのものを「一揆」とは呼ばなかったが、「強訴する」には「一揆する」ことが不可欠であると認識していた。現代の研究者が大寺社の強訴を一揆の一種として理解しているのは、このためである。

南北朝期になると、武士たちの組織を指して「一揆」と呼ぶ用法が見られるようになる。南北朝内乱を受けて、戦闘集団としての一揆が次々と生まれた。たとえば、『太平記』には赤旗一揆、黄旗一揆、白旗一揆などが登場する。これらは旗の色から命名された一揆であろう。旗の紋（マーク）から名前をとったカタバミ一揆、鷹ノ羽《たかは》一揆、なんてのもある。関東の平氏《へいし》によって構成された平《へい》一揆の場合、メンバー全員が全身赤ずくめの格好であったという。これは平氏のトレードカラーが赤だからであろう（ちなみに源氏《げんじ》は白）。右に見える一揆は、おそろいのエンブレム、おそろいのユニフォームで戦場に姿を現す〝チーム〟と言える。

室町幕府が「〇〇一揆」を宛先にして命令を下すことも一般化してくる。これも、南北朝・室町時代の人々が武士たちの連合組織を「一揆」と見ていたことの証拠である。

百姓たちの荘園単位での連合が「荘家の一揆」と呼ばれるようになるのも、この時代である。百姓たちが集団で荘園領主に要求をつきつけるという現象は平安時代から見られるが、「一揆」とは言われなかった。南北朝期に「一揆」という言葉が「意識や行動を共にするグループ、組織」という意味を持つようになったことで、「荘家の一揆」という呼称が成立したと考えられる。ただし、集合体を対象とする名詞的用法だけになったのではなく、以前からの動詞的用法も存続した。

仲良しクラブも「一揆」なのか

戦国末期になると、「一揆」の指示対象が変化する。専ら土民・百姓の集団を「一揆」と呼ぶようになり、武士・侍の連合体を「一揆」と称することはなくなっていく。神田千里氏は、武士たちが戦国大名によってガッチリと組織されるようになり、戦闘のたびにいちいち一揆を結成する必要がなくなったからではないか、と推測している。実際、戦国大名が出現した地域では、「一揆」を名乗る武士勢力は見られなくなるのが一般的である。

ちょっと話が脇道にそれるが、このような武士の一揆、つまり国人一揆の消滅について、昔の研究は戦国大名が武士の一揆を解体した、と評価していた。しかし近年では、武士の一揆が消滅したように見えても、それは見かけだけで、戦国大名権力の中で形を変えて存続している、という見解が主流になっている。だから武士の一揆そのものがなくなったわけではないのだが、形式的・名称的には消えたのであり、この変化は重要だろう。

以上で述べたように、「一揆」は色々な意味、様々な用法を持っており、また時代と共に意味内容が変わっていくので、「一揆とは○○だ!」とズバリ明快に言い切ることは難しい。そのため久留島典子《くるしまのりこ》氏は、一揆を「ある目的達成のために構成員の平等を原則に結ばれた集団と、その共同行動」とゆるやかに定義している。

確かに右の定義は「一揆」の多義性に対応した妥当なものである。しかし、この規定では、中世の諸集団の大半が「一揆」ということになってしまい、一揆の本質が見えにくい。強訴のために結束した迫力満点の集団ならともかく、単なる〝仲良しクラブ〟に「一揆」の名称を与えるのには、違和感がある。

当時の用法を踏まえつつ、一揆の本質を表現できる。そんなウマい定義はないものか。中世において、一揆を結ぶ際に当事者たちがわざわざ「一揆」を称したという事実に、この問題を解決するための鍵が隠されていると思う。どうやら中世の人々は、「一揆」の主張には、ある種の正当性がこめられていると考えていたようなのである。どうして「一揆」は〝正義〟なのか。次章では、この点について深く掘り下げてみたい。

第Ⅱ部　一揆の作法

第三章　一味同心――正義と平等

一味同心するということ

嘉吉《かきつ》元年（一四四一）、将軍足利義教《あしかがよしのり》が暗殺されて幕府が大混乱に陥ったことに乗じて蜂起した嘉吉の徳政一揆において、土民たちは「土《つち》一揆と号し御徳政と称し」借金を強引に御破算にした。中世において「号す」という言葉は何らかの正当性のある主張を行うことを意味するので、土民たちは「土一揆だ」と呼号することで、自分たちの強制的な債務破棄、つまり徳政行為が正当化されると考えていたことになる。

なぜ、土一揆には徳政を要求する権利がある（と土民たちは考えた）のか。この謎を解くには、そもそも「一揆」とはなんぞや、その本質は何か、という問題をつきつめて考えなくてはならないだろう。

江戸時代の百姓一揆禁止令では「一味《いちみ》同心《どうしん》仕り候儀、公儀《こうぎ》の御法度《ごはっと》なり」とか「一味同心致し候儀、堅く停止《ちょうじ》」など、「一揆」の代わりに「一味同心」という言葉が用いられた。
中世の史料を読んでいても、「一揆」と「一味同心」という言葉は同じ意味で使われており、「一揆する」ということは、「一味同心する」ということであった。では「一味同心する」とは、具体的にどのようなことを指すのか。

寛元《かんげん》元年（一二四三）、若狭国太良荘《わかさのくにたらのしょう》（四八頁参照）の百姓たちが同荘の地頭代官である定西《じょうせい》の不正を鎌倉幕府の法廷に訴えた。その不正の一つとして、定西が百姓の一人を抱き込み偽の証言をさせた、という事件を百姓たちは告発した。これに対して定西は「百姓の習《ならい》、一味なり。何ぞ一人を相語《あいかた》らいべけんや」と反論している（東寺百合文書《とうじひゃくごうもんじょ》）。すなわち、百姓たちは「一味」するのが習わしであり、「一味」の中から一人を裏切らせることなどできるはずがない、というのである。この事例から分かるように、強い絆で結ばれた集団を前近代においては「一味」と表現した。

この「一味」と同じ意味で用いられる言葉が「一同」である。九州の西北端、五島列島の武士たちは応安《おうあん》六年（一三七三）に一揆を結んでいるが、その時に一揆メンバーは「一人の大事は面々一同の大事と考えること」と誓い合っている（第七章を参照）。一人の問題を全体の問題として扱う運命共同体的な団結が「一味」であり「一同」であった。

死なば諸共

一揆は、まさにこのような運命共同体であった。永享《えいきょう》五年（一四三三）、伏見宮《ふしみのみや》家の荘園である伏見荘の百姓たちが、沙汰人《さたにん》たち（荘園の管理人）の指令を待たずに、前々から山の境界をめぐって争っていた醍醐寺《だいごじ》三宝院《さんぽういん》の所領である炭山に押し寄せ、炭山の郷民三人を殺害してしまった。伏見荘の領主である伏見宮貞成《さだふさ》親王はこの勝手な振る舞いに激怒し、沙汰人たちを呼び出して、張本《ちょうほん》（首謀者）として誰を捕らえればよいかを尋ねた。すると彼らはビビリながらも「土一揆のしわざなので、誰か一人を首謀者と特定することはできません（土一揆の所行《しょぎょう》の間、誰を張本とも申しがたし）」と返答した（『看聞《かんもん》日記』）。誰か一人が「張本」として〝その他大勢〟を指揮するのではなく、全員の共同意思によって行動し、その責任は全員で負う。それが一揆であった。

近年のエジプト革命やリビア革命、シリア内戦などもそうだが、古今東西、権力者は自分への抗議運動に真摯に向き合おうとはしない。「一部の反乱分子が大衆を煽動しているだけ」「大多数の民衆は自分を支持している」と考える。というか、そう信じたいのだ。だから首謀者の詮索に躍起になる。「頭取は死罪」という江戸幕府の法律も、首謀者さえ見つけ出して処罰すれば問題は解決するという発想が根底にある。また、首謀者を差し出せば悪いようにはしないぞと呼びかけて、一揆を切り崩す狙いもあった。

これに対して百姓たちは、百姓一揆を結ぶにあたって、幕府や藩に処罰されることになった場合、一人に罪を押しつけるのではなく全員を処罰するよう「一同」で要求する、と誓った。〝死なば諸共《もろとも》〟という状態を作ることで強固な連帯を実現させているのである。加えて、この「全員を処罰せよ」という要求は、なるべく事を荒立てずに一揆を解散させたい幕藩権力に対する脅迫の意味合いも持っていた。

とは言え、「死ぬ時は一緒」という極限的な共同責任体制の構築は口で言うほど簡単なことではない。「全員を処罰せよ」といった過激な要求を単なる交渉戦術の一環として捉えてはならないだろう。やはり一揆を結んだ者たちには己の行為が〝正義〟であるという確信があったものと思われる。正義は我にあり、ゆえに恐れるものは何もない、というわけだ。

一揆が正義である理由

ではどうして、一揆は正義なのか。この点で興味深いのが、勝俣鎮夫《かつまたしずお》氏が注目した建久《けんきゅう》九年（一一九八）の興福寺牒状《こうふくじちょうじょう》である。

和泉国《いずみのくに》にある興福寺領荘園に対して和泉国司《こくし》が重税を課したため、国司の処罰を求めて興福寺の衆徒たちが上洛した。要するに強訴《ごうそ》である（興福寺側の主張によれば、この時の強訴は非常に平和的で粛々としたものであったという。ホントかしら？）。これに対して朝廷は、言い分は法廷で述べるように命じたが、興福寺は出廷を拒否した。その理由が、この牒状の中で次のように述べられている。

朝廷の刑罰の法にはしたがうべきだが、どんな場合にも情状酌量というものがある。そもそも興福寺の三〇〇〇人の衆徒が「同心」した上で奏状《そうじょう》を提出しているのに、朝廷がその訴えを正当なものかどうか疑った例は今まで聞いたことがない。まして法廷で申し開きをせよと命じるなど前代未聞のことである。寺院には大勢の僧侶がいる。これらの僧侶はそれぞれ顔が違うように、一人一人の心も異なっている。だから、よほどの異常事態でもない限り衆徒たちの意見が一致することはないし、絶対の正義であるという確信がなければ「満寺《まんじ》」（興福寺全体）が結束することはない。ところが今回は、人々の考えがぴったりと一致し、老いも若きも、賢者も愚者も、みな「同心」して憂い怒るという奇跡的な状況が出現している。にもかかわらず法廷での対決に応じたならば、未来に悪影響をもたらし、世間から非難されるだろう――

こういう主張を見ると、明文化されたルールに則った論理的・客観的な判断ではなく組織内の調和に配慮した情緒的・主観的な判断に〝正義〟を見いだす日本人の「国民性」は今も昔も変わらないなあ、などと歴史家らしからぬ感慨をつい抱いてしまう。それはともかく、団結することが至難であるからこそ、全員が心を一つにして示した要求事項は尊い、という興福寺衆徒の主張は一揆の核心を衝いていると言えよう。

延暦寺《えんりやくじ》の強訴（五七頁）の場合も、一部の僧侶の考えではなく「満山《まんざん》」（比叡山《ひえいざん》全体）の総意であるということが大きなポイントとなっていた。朝廷や幕府から「理不尽の訴訟」と非難されつつも彼らが堂々と強訴を遂行できたのも、権勢のある大寺社だからとか神輿《しんよ》や神木の霊力がバックにあったからというだけではなく、「一味同心」という意思統一によって、自分たちの行動が〝正義〟であるという確信を得ていたからなのである。

第二章で山城国上久世荘《やましろのくにかみくぜのしょう》の「荘家《しょうけ》の一揆」を取り上げたが、この時、百姓たちは自分たちの要求を荘園領主東寺《とうじ》が受け入れるべき根拠として「名主・御百姓等一同に連参仕り候て、形の如く目安《めやす》を捧げ申し候」ことを挙げている（六二頁）。つまり「一味同心」した上で定められた手続きに則って強訴した場合、その主張は〝正義〟であり、ただちに認められなければならない、というのである。

前掲の興福寺牒状に見える「同心」の論理がそうであったように、「一味同心」に基づく訴えは合理的な判断を超越した絶対の正義であり、その主張が正しいか否かを論理的に検討することすら許されなかった。土一揆が「借りた物は返す」という一般常識を無視することができるのも、一揆の〝正義〟ゆえであった。

そして、これは一揆を結んだ側の手前勝手な理屈にとどまるものではなく、強訴を受ける権力者の側にもある程度、共有された認識であった。彼ら自身が時と場合によっては一揆を結ぶことがあったので、一味同心の正当性を否定することはできなかったのである。だからこそ強訴の成功率は高かった、そう言ってよいと思う。

一揆を貫く平等性原理

ただし、一揆の正当性とは「みんなが言っているんだから、それが正しいのだろう」という程度の素朴なものではない。興福寺牒状から分かるように、「老いも若きも」「賢者も愚者も」といった立場の異なる者たちの意見が一致している点がミソなのである。

寺院の場合、集団としての意思決定は集会《しゆうえ》と呼ばれる会議を通じて行われたが、列参強訴や発向《はつこう》(軍事行動)など重大な決定の前には満寺集会と呼ばれる衆徒全員が出席する集会が開催された。この満寺集会で行われる衆徒たちの討論、評決を大衆僉議《だいしゆせんぎ》と呼ぶ。

延暦寺の大衆僉議(三塔会合僉議《さんとうえごうせんぎ》)の様子は『延慶本平家物語《えんぎようぼん》』『源平盛衰記《げんぺいじようすいき》』などの軍記物や『天狗草紙《てんぐぞうし》』『法然上人絵伝《ほうねんしようにんえでん》』などの絵巻物で詳しく描写されている。それらによれば、以下のような作法で行われるという。

延暦寺の大講堂の庭に三〇〇〇人の大衆が集合する。破れた袈裟《けさ》で頭を覆い、入堂杖《にゆうどうづえ》と

延暦寺の大衆僉議の場面　紙本著色天狗草紙（延暦寺巻部分）　重要文化財
東京国立博物館所蔵　Image：TNM Image Archives

いう二〜三尺ばかりの杖を面々がつき、その杖で道芝の露を払って、小さな石を一つずつ持つ。そして各々がその石に腰かけて居並び、同じ僧坊で生活する者であっても互いに分からないように振る舞う。提案者は「満山の大衆は集まったか」と叫んで、提案の趣旨を説明する。賛成の場合は「そうだ、その通り！（「尤《もつとも》々《もつとも》」）」と唱和する。反対の場合は「バカ言ってんじゃないよ（「謂《い》はれ無し」）」と怒鳴る。これが比叡山の僉議の定まったやり方である。

　余談であるが、全共闘の集会では、めいめいがタオルで覆面して、賛成者は「異議なーし」、反対者は「ナンセンス」と呼号したらしい。三《み》島《しま》由《ゆ》紀《き》夫《お》は全共闘を「まったく日本人らしく思はれない」「あのタオルの覆面姿には、青年のいさぎよさは何も感じられず、コソ泥か、よく言っても、大掃除の手つだひにゆくやうである」と酷評したが、良くも悪くも全共闘のスタイルは日本の伝統に沿ったものであるように思われる。

また僉議の際の発声は、歌を詠ずる声や、お経を読む時の声、対面して話す時の声とは異なるものであるという。『源平盛衰記』によれば、鼻を押さえて、いつもとは違う声を意図的に出すらしい。

全員が賛否を表明し、それに基づいて寺院全体としての決議がなされるわけだが、異様な雰囲気の中でアジテーター（煽動者）が熱のこもった大演説をぶつのだから、強硬論が慎重論に勝つに決まっている。「やっぱり強訴はやめよう」なんて結論になるはずがないのだ。最終的には全員賛成に落ち着くという点を重視するならば、この評議は予定調和的なもの、一種のセレモニーにすぎないと評価することもできる。

しかし通常の評定集会では、投票による多数決が行われた。これを当時の言葉で「多分《たぶん》の儀」と呼ぶ。大衆僉議は、こうした集会の特殊な形態と考えられるから、本質的には多数決制に則った評議と言えよう。勝俣鎮夫氏は大衆僉議を「音声にもとづく多数決」と表現しているが、言い得て妙である。

参加者全員による多数決。このことの持つ意味は大きい。なぜなら、この方式を採用すれば、一人一票という形で参加者の平等性が確保されるからである。一人一票とは、参加者の発言権が等価値を持つということであり、意思決定の場における一人一人の重みはみな同じ、つまり平等である。これは同時に、個々人の自主性の尊重をも意味する。

覆面が役に立つとき

顔を隠したり声を変えたりするのも、自主性と平等性の確保が目的だろう。勝俣鎮夫氏は大衆僉議における変装と変声について、人ならぬ存在、すなわち神ないしは神の代理人に変身するための作法と推測する。話としては面白いし、そういう側面もあったかもしれないが、自分の鼻をつまむだけで神様になれるものだろうか。史料に「互ひに見知らぬ様」「聞しられぬ様」と書いてある以上、一義的には「顔や声で誰だかバレないようにするため」と考えるべきである。

匿名性は〝自由と平等〟を構築する上で役に立つことが多い。現代社会のあらゆる場面で無記名投票が行われるのも、誰もが自分の意思を自由に表明できるようにするためである。どんな人でも一度や二度は、「若僧（もしくはぺーぺー）のくせに生意気な」と思われたくないがために、会議の場で自分の意見を控えた経験があるのではないだろうか。現代ですらそうなのだから、昔はなおさらである。

正平《しょうへい》十年（一三五五）、出雲国《いずものくに》の天台宗《てんだいしゅう》寺院で延暦寺の末寺である鰐淵寺《がくえんじ》（現在の島根県出雲市別所町に所在）では四十七カ条にわたる規則を制定しているが、その中には以下のような条文がある（鰐淵寺文書）。

集会では出欠を確認し、欠席の理由が正当なものであるかどうか調べる。まずは上座の「有徳《うとく》」の間で評定を行う。下座の「短才《たんさい》」の連中はみだりに口を出してはいけない。ただし愚者であっても千に一つは名案を思いつくということわざもある。だから老僧か若僧かを問わず、賢者か愚者かにこだわらず、誰であっても一度の意見は許される。まして上座での評定を終えて全員に議題を諮る時には、もちろん各々が意見を述べることになっている。にもかかわらず、その時、卑下したり意固地になったりして、口を閉じ、舌を巻いて何も言わないのは、かえって集会を混乱させる原因となるので、けしからんことだ——

寺院社会には、徳を積み勉学に励まなければ高い地位に就くことはできない、というタテマエがある。このタテマエにしたがえば、高い地位にいる僧侶は智恵があり徳も高い人であり、逆に下積みの僧侶は学才に乏しい人である（はずだ）。よって、「有徳」とは上級僧侶、「短才」とは下級僧侶のことである。

要するに右の規約の趣旨は「身分の低い僧侶だからといって、遠慮しすぎず、少しは発言するように」というものである。しかし、こんなことを言われたら、余計に発言しづらくなる（もしくは発言したくなくなる）と思うのは、私だけだろうか。中世において、若くて身分の低い者が会議の場で自分の意見を述べるには、相当の勇気が必要だった。

だが、全員が自分の地位や身分を隠してしまえば、エライ人だけが発言するという事態は回避できる。大衆僉議は匿名性を保証することによって、参加者全員に対して平等に意思表示の機会を与えているのである。それでこそ真剣勝負の議論が成立するのだ。

ことほど左様に、大衆僉議は参加者の平等性の実現に工夫をこらしている。民主主義社会である現代日本に生きる私たちは「そんなこと当たり前じゃないか」と考えがちだが、前近代社会には「人間、みな平等」などという人権思想はない。人々が地位や身分の上下によって分断されているのが中世日本の常態であり、平等な人間関係は例外的にしか成立しない。口をつぐんで目上の人の意見に追随するのが中世の常識なのである。

けれども、それがゆえに〝平等〟の値打ちは現代よりもずっと大きい。鶴の一声で決まったのではなく参加者全員が対等な立場で主体的に意見を表明し議論を尽くした上での結論であるからこそ尊重すべきである、という強い信念が、中世社会に散見される「一同に歎《なげ》き申す」「一味同心に訴え申す」という行為＝強訴の正当性を支えていたのである。

一味和合と一味同心

では、この「一味同心」という思想はどこから来たのだろうか。日本の一揆はまず寺院において発生したため、これまでの研究では仏教の教理との関係が考察されてきた。そこで注目されたのが「一味和合《いちみわごう》」の精神である。

皆さんは文覚《もんがく》という僧侶をご存じだろうか。平安時代末期から鎌倉時代初期にかけて活躍した武士出身の真言《しんごん》僧で、源頼朝《みなもとのよりとも》とも交流があった。『平家物語』では、真冬に熊野《くまの》那智《なち》の滝壺につかる修行をしたり、後白河法皇《ごしらかわほうおう》の御所に乗り込んで京都高雄《たかお》の神護寺《じんごじ》への支援を直訴したり、頼朝に頼朝の父・義朝《よしとも》の髑髏《どくろ》を見せて平氏打倒を勧めたりと、型破りの僧侶として描かれている。

その文覚は元暦《げんりやく》二年（一一八五）、神護寺の僧侶たちが永久に守るべき規範として四十五カ条を定めた。その第一条は「寺僧等一味同心すべき事」という条文であった。ここでは、僧伽《そうぎや》の本質は「一味和合」にあるという、真言宗《しんごんしゆう》の開祖・弘法大師《こうぼうだいし》空海《くうかい》が残した教えが引用されている。そして寺僧たちが「一味和合」の精神に則り、何事を決めるにあたっても「満山一味同心」して評定にかけることを定めている。他の寺僧に諮ることなく、もしくは「多分の衆徒」の反対を無視して独断専行した僧侶は寺から追放するとも書かれており、「一味和合」「一味同心」の精神に背く者は許さないという強い決意が見られる。

さて「一味和合」とは何か。仏教の開祖であるゴータマ・シッダッタ（釈迦《しやか》）は、インドの階級制度、いわゆるカースト制度を強く批判し、出自に関わりなく弟子たちを平等に扱った。この原始仏教における出家者集団をサンガという。音を漢字で当てると「僧伽《そうぎや》」である。意味を漢字で表現すると「衆」「和合衆」となる。

サンガは釈迦の教えに導かれた人々の共同体であり、その構成員は相互に平等で、同一の規律に服し、加盟は自由意思で、合議制に基づいて集団としての意思決定を行った。こうした仕組みによって実現されたメンバー間の平等を「一味和合」と表現したのだ。

日本仏教でも、インドの原始仏教で定められた僧侶の規範は部分的に踏襲された。僧侶が髪を剃り袈裟を着るのも、その一つである。俗人《ぞくじん》（僧侶ではない一般人）と区別される外見上の規範を設定することで、寺院社会は世俗社会と異なる原理によって成り立っていることが視覚的に明示される。すなわち身分の上下がある世俗社会に対し、平等を理念として掲げる寺院社会、という隔絶である。剃髪や袈裟の着用など僧侶に課せられた諸々の戒律は、仏教の根幹である平等思想＝「一味和合」を受け入れていることの証でもあり、僧侶同士の対等性を担保していた。

以上から分かるように、「一味和合」という仏教の教えは、「一味同心」の精神とよく似ている。どちらも集団の構成員が相互に平等であるという点を重視しているのである。

ただ、ここで問題となるのは、文覚が規則を定めた時代には、「一味和合」の精神が寺院社会において形骸化していたという事実である。平安時代以降、貴族の家から大寺院に入寺するというコースが一般化する。彼らは寺内で優遇され、猛烈なスピードで昇進していく。かくして平等性原理は崩壊の道をたどり始める。

寺院社会の変質と「一味和合」

平安後期には、延暦寺や興福寺、東寺といった大寺院を統括する座主《ざす》・別当などに就任する僧侶が皇族や上級貴族出身の人間に限られてしまう。たとえば第二章で取り上げた興福寺の僧侶、大乗院尋尊《だいじょういんじんそん》(四九頁)は、最上級貴族である摂関家の一つ、一条《いちじょう》家出身の僧侶であるが、彼はわずか二十七歳で興福寺のトップである別当に就任している(まあ現代でも、二十八歳で「革命武力の最高指導者」になった方が隣国におられるが)。

このような変化は、朝廷の宗教政策の変更に起因している。十世紀中葉までに、大寺院に対する国家的な規制がほぼ撤廃される。しかし規制緩和とセットで国家的な経済支援も削減され、寺院は自力で経営していくことが求められるようになる。今で言えば、国立大学が〝官から民へ〟の流れの中で独立行政法人になったようなものである。

そして金集めに必死になった大寺院が思いついたのが、有力貴族から献金を募ることであった。貴族の家々は多額の寄付によって寺院の経済を支えることと引き替えに、一族中の子弟を寺院に引き取ってもらう。大寺院は彼らを優遇する。このような〝持ちつ持たれつ〟の関係を築くことで、国家の保護と統制の下にあった古代寺院から、自立した経済基盤を持った中世寺院への転生が実現したのである。

先ほどの尋尊の例で言えば、興福寺は藤原氏の氏寺であるので、摂関家は興福寺の大スポンサーとなっており、摂関家出身の尋尊がスピード昇進するのは当然のことであった。現代で言えば、創業家一族の人間が入社して、若くして社長になるようなものである。

この結果、寺院社会は事実上の身分社会へと変質する。まず、仏教に関連した学問や研究、祈禱に専念する学侶《がくりょ》と、肉体労働を含む実務によって仏神に奉仕する堂衆《どうしゅ》・行人《ぎょうにん》という形で、僧侶の役割分担が成立した（なお武装するのは主に堂衆クラスである）。やがて学侶・堂衆・行人という序列の間には明確な格差が生まれ、一般の庶民では堂衆にすらなれなくなった。

そして学侶集団内部にも階層があった。皇族・上級貴族出身の貴種《きしゅ》僧、中下級貴族出身の良家僧、上級侍の家が実家の凡家《ぼんけ》僧である。実家のランクによって昇進スピードも最終ポストも全く異なる。どんなに無能であっても貴種僧なら上級の僧位に就くことができ、逆に凡家出身の僧に立身出世のチャンスはない。

才能や努力が考慮されず、身分によって地位・役割が決まるというあり方は、世俗社会の身分制原理と全く同じであり、俗界の身分秩序を寺院社会に持ち込んだものと言える。

平雅行《たいらまさゆき》氏はこの社会現象を「寺院と世俗社会とのボーダーレス化」と表現している。

こうした寺院社会の変質によって、本来は平等・一体であるべき寺僧が、出自に規定されて階層化し、身分集団ごとに分裂する。これが、文覚が規範を制定した時期の社会状況であった。文覚がことさらに「一味和合」を強調しなければならなかったのは、現実には「一味和合」が風前の灯であったからに他ならない。「一味和合」の気運が失われ寺内の結束が乱れるという危機感こそが、文覚が規範を制定した最大の動機だったのである。

しかしながら、身分制原理が寺院社会の隅々にまで浸透した状況にあって、既に過去のものとなった「一味和合」をそのままの形で復活させることは不可能である。文覚は、より現実的な方法で寺院を復興しようと考えた。そこで持ち出されたのが身分制を前提に一時的平等を目指す「一味同心」という観念である。文覚は「一味和合」というサンガの伝統の復活を大義名分として掲げつつも、実際には「一味同心」という仏教本来の教理とは無関係の思想によって神護寺の立て直しを図ったのである。

したがって「一味和合」と「一味同心」は似て非なるものである。では、どこがどう違うのか。この点については次項で論じていきたい。

仏ではなく神に誓う

一味和合と一味同心は何が違うのか。一言で述べるならば、前者は仏教の根本的教理であるが、後者は仏教本来の教えとは関係ない、という点に尽きる。

なぜ、一味同心が仏教とは関係ない、と言い切れるかというと、その作法が仏教と関係ないからである。一味同心して何かを決定した場合、起請文《きしようもん》という文書を作成することが多い。先に紹介した「荘家の一揆」でも、一揆参加者全員が署名した起請文（これを「一味起請文」という）を荘園領主に提出することが基本スタイルとなっている。

さて起請文とは何か。佐藤進一《さとうしんいち》氏の古典的名著『古文書学入門』は、「宣誓の内容は絶対に間違いない、もしそれが誤りであったら（すなわち宣誓が破られた場合には）、神仏などの呪術的な力によって自分は罰を受けるであろうという意味の文言を付記した宣誓書である」と解説している。要するに起請文は、神罰への恐れという精神的呪縛によって誓約内容を遵守させようという文書である。今でも親が子供に「ウソをついたら閻魔《えんま》様に舌を抜かれるよ」とおどかすことがあると思うが、まあ、その感覚に近い。

初期の事例を除いて、一般的に起請文は、遵守すべき誓約内容（「〇〇することを誓います」）を記した「前書」と呼ばれる部分と、もし誓いを破ったら神仏の罰を受けても構わないという自己呪詛の文言を記した「神文《しんもん》」と呼ばれる部分によって構成される。左に神文の実例を示す（伝家《でんか》亀鏡《ききよう》）。

もし、これらの誓約事項についてウソいつわりを申したならば、日本国中の大小の神様、特に伊勢《いせ》天照大神《あまてらすおおみかみ》、熊野《くまの》三所大権現《さんしょだいごんげん》、正八幡大菩薩《しょうはちまんだいぼさつ》、諏訪《すわ》上下大明神、天満大自在天神の御罰を受けます。

(若《も》し此条々偽り申し候はば、日本国中大小神祇《じんぎ》、殊には伊勢天照大神、熊野三所大権現、正八幡大菩薩、諏訪上下大明神、天満大自在天神　御罰を罷《まか》り蒙《こうむ》るべく候)

このように、罰を下す神仏の名前を列挙するのが神文の基本スタイルであるが、よく見ると右に記されているのは仏ではなく、皇祖神(皇室の祖とされる神)アマテラスを筆頭とした「日本国中大小神祇」なのである。

先に示したように佐藤進一氏は「神仏などの呪術的な力」と説くのだが、現存する起請文を網羅的に見てみると、それらの神文に登場するものは神祇が圧倒的に多い。

考えてみれば、延暦寺が強訴を行う時は日吉《ひえ》山王《さんのう》権現の神威を利用するし、興福寺の場合は春日《かすが》大明神である。彼らの「一味同心」の背後にいるのは、仏ではなく神なのだ。

ただ、ほとんどが神の名前であるにせよ、仏の名前がしばしば起請文に登場することも、また事実である。罰を下す神々の中に仏が交じっている事例をどう説明するか。これは大きな謎であったが、近年、佐藤弘夫《さとうひろお》氏が明快な解答を提示した。その概要を紹介したい。

起請文に勧請《かんじょう》される（呼び出される）仏には共通する特徴がある。それは、「石山観音」「当所不動明王」「当寺本尊薬師如来《やくしにょらい》」「御寺大仏」など、いずれも日本国内の特定の場所に、目に見える姿で存在する仏であるという点である。端的に言えば、仏像なのである。

ここから佐藤弘夫氏は、仏であっても、像としての形を与えられて特定の堂舎に安置された時、それはもはや本来の仏とは全く異質なものとなり、むしろ神と同質の存在になる、と指摘している。まことに卓見と言えよう。

元来、仏とは他界＝彼岸《ひがん》（あの世）の住人である。一例を挙げれば、阿弥陀如来《あみだにょらい》がおわします所が西方極楽浄土《さいほうごくらくじょうど》であることはよく知られた事実であろう。こうした仏は娑婆《しゃば》＝此《し》岸《がん》（この世）の衆生《しゅじょう》（命あるもの全て）を等しく救済する普遍的でグローバルな存在である。しかし、ひとたび娑婆に下りてきて、仏像という可視的な肢体を持ち特定の場所に常駐するようになると、地域限定のローカルな存在＝「神」へと転化する。この「神」は、篤く信仰する者には御利益を与え、逆に信心が足りない者には神罰を下すという、現世＝現実世界に密着した存在である。これが中世人の宗教観の根本たる「本地垂迹《ほんじすいじゃく》」の本質である、と佐藤弘夫氏は主張する。

従来の研究では、本地垂迹とは、日本の八百万《やおよろず》の神々は様々な仏（菩薩や天部なども含む）が来日する際に垂迹（変装）した権現（仮の姿）であるという思想だ、と考えられていた。中世には神仏習合《しんぶつしゅうごう》の一環として、天照大神の本地（正体）は実は大日如来《だいにちにょらい》である、とか色々なこじつけが行われた。今までの研究者はこうした「仏が神の姿をとって日本に出現した」という諸々の言説を本地垂迹として括った。これに対し佐藤氏は、補陀落《ふだらく》の観音菩薩が石山寺の観音として婆婆に出現するのも垂迹の一種であると語る。説得力のある見解だと思う。

神仏習合と本地垂迹

それでは、本地垂迹という一見奇妙な思想がなぜ生まれたのか。この大問題を学術的に説明しようとすると、それだけで一冊の本を書かねばならなくなるので、ここでは人々の心の問題に限定して、誤解を恐れず、ざっくりと解説する。

日本は〝文明化〟の一手段として仏教を導入したものの、その教えは旧来の素朴な神祇信仰と違って、高度に抽象的・論理的であったため、多くの日本人は理解することができなかった。特に地方の民衆にしてみれば、どこにあるのかも分からない浄土などという場所に住む、どんな姿をしているのかも知らない仏を信じろと言われてもピンと来ないのは当然だろう。慣れ親しんだ地元の神様への信仰を捨てることなど、できようはずもない。

そのため仏教は、地域的・呪術的な共同体信仰を基盤とする神祇信仰を取り込むことで、ようやく日本に根付くことができた。これがいわゆる「神仏習合」という現象であり、その一つの発現形態が本地垂迹説の普及である。在来の神祇を崇拝することがそのまま仏教信仰につながるという理屈によって、人々を仏教へ吸引したのである。

したがって起請文に登場する神々は、人々にとって地域に根差した身近な存在である。実際、起請文には伊勢神宮の天照大神や熊野三山の熊野権現など全国区の有名な神だけでなく〝ご当地〟神様が勧請されることが多い。たとえば肥前国長嶋荘《ひぜんのくにながしまのしょう》（現在の佐賀県武雄《たけお》市）で作成された起請文には、必ずと言ってよいほど、鎮守である武雄《たけお》社《しゃ》の武雄五社大明神が勧請されている。すぐそばで自分たちを監視しているおなじみの神の名前を書き込まない限り、違約者に罰を下す効果を起請文に期待することができなかったのである。

以上、やや説明が長くなったが、起請文の神文に、中世日本に生きる人々の世界観・宗教観が反映されていることがはっきりしたと思う。それは、インドで生まれた普遍宗教である仏教本来の教えとは明らかに異なるものであった。そもそも仏教の教義には、仏が仏敵に罰を下すという内容は含まれていない。「日本国仏神の御罰」によって実効性を担保しようとする「一味同心」観念が仏教本来の教えと無関係であることは明白である。

一揆を結ぶ際に活用されたのは、来世における救済を約束する仏ではなく、現世の賞罰を司る神の権威であった。原始仏教のサンガの伝統、つまり「一味和合」との思想的系譜関係を「一味同心」に見いだすことはできないのである。

こんなにクドクドと、一味和合と一味同心が別物であることを強調したのは、それゆえに一揆の思想が世俗社会にも広がったと考えるからである。

既に述べたように、中世においては寺院社会のみならず世俗社会でも一揆が盛んに結ばれた。これは大寺社において生まれた一揆の作法が、末寺・里坊の僧侶を媒介として荘園の武士や百姓たちにも伝わったからと推測されているが、もし一揆の拠って立つところが「一味和合」という原始仏教の教理だったとしたら、どうであろうか。世俗社会にも共有されていた認識を基盤にしていたからこそ、一揆という行動様式は民衆にも広く受け入れられたのである。

第四章　一揆のコミュニケーション

一揆の情報伝達「天狗廻状」

さて、小難しい話が続いたので、ここで少し話題を転換したい。それは一揆の情報伝達の問題である。

小規模な一揆ならともかく、参加者の数が数千から万を超えるような一揆を結成しようとした場合、どのようにして一揆の蜂起を連絡し、参加を募るか。なにぶんフェイスブックやツイッターのない時代であるので、現代人が考えるほど簡単なことではない。まずは史料が豊富にある江戸時代から見てみよう。

江戸中期の全藩一揆において、連絡手段として使われたのは「廻状《かいじょう》」もしくは「廻章」と呼ばれた文書である。村々で文書を回し読みするというリレー方式で、一揆の目的・日時・内容などを伝えたのである。言ってしまえば、現代の回覧板のようなものである。

前掲の『伊信《いしん》騒動記』（四四頁）には、一揆の密談を行うので、伊達《だて》・信夫《しのぶ》両郡の村々の代表は寛延《かんえん》二年（一七四九）十二月三日の子《ね》の刻（深夜〇時頃）に、信夫郡宮代《みやしろ》村の山王《さんのう》権現《ごんげん》の社地に集まるべし、という内容の「天狗廻状《てんぐかいじよう》」が「何《いず》れよりとも知らず」村々を回ったというシーンが描かれている。この天狗廻状を見た村は、内容を確認したという印として、村の名前の下に釘で穴を開けてから次の村に回したという。この百姓一揆が「天狗廻状騒動」と称されるのは、このためである。

右の天狗廻状騒動に限らず、百姓一揆で使用される連判状《れんぱんじよう》（人々が誓約の証として自署し、判を押した書状）は「天狗廻状」と呼ばれることが多い。どこから飛んできたか分からない謎の石つぶてを「天狗礫《つぶて》」、どこから来たか分からない怪しい手紙を「天狗の投文《なげふみ》」と言うように、発信源が分からない廻状を天狗廻状と称したものと思われる。誰とも分からぬ人の呼びかけがネット上で拡散し、大規模なデモへと発展した中東のフェイスブック革命を彷彿《ほうふつ》とさせるではないか。

ちなみに勝俣鎮夫《かつまたしずお》氏は、「天狗廻状」という名前の由来について、一揆に参加する百姓たちが、天狗に変身して勧善懲悪を行うという意識を持っていたから、と推測している。しかし、天狗を自称して世直しを行うという形態の百姓一揆は江戸時代後期にならないと登場しない。天狗廻状騒動でも、夢で山王権現のお告げを聞いたという話は出てくるが、天狗がどうしたとか、百姓たちが自らを天狗になぞらえた、といった逸話は見えない。天狗廻状から〈天狗への変身〉という状況を想定するのには無理がある。

傘連判・車連判

さて『伊信騒動記』に「天狗廻状とは村名を輪にしるし、いづれより始まり、何れ終りといふ事の知れぬなり」とあるように、百姓一揆の連判状は今で言う寄せ書きのような感じで円形に署名することが一般的であった。これを「傘連判《からかされんぱん》」とか「車連判」と呼ぶ。

このような署名形式を採る理由として、かつては首謀者隠しのためという説明が行われてきた。前述のように百姓一揆の首謀者は江戸幕府によって厳重に処罰されるため、首謀者を隠す必要性は確かにある。「何れよりとも知らず」現れたと、『伊信騒動記』が記しているのも、作成者＝発起人を秘匿するという天狗廻状の性格を的確に捉えていたからだと考えられる。

しかし傘連判（次頁の図版を参照）は中世の有力武士たちも用いていた署名方式であり、首謀者隠しだけでは、その目的を十分に説明できない。この問題を考える上で「いづれより始まり、何れ終りといふ事の知れぬなり」という『伊信騒動記』の解説は重要だろう。

つまり、単に首謀者（この場合は、一揆を主導した村）が分からなければそれでよいという

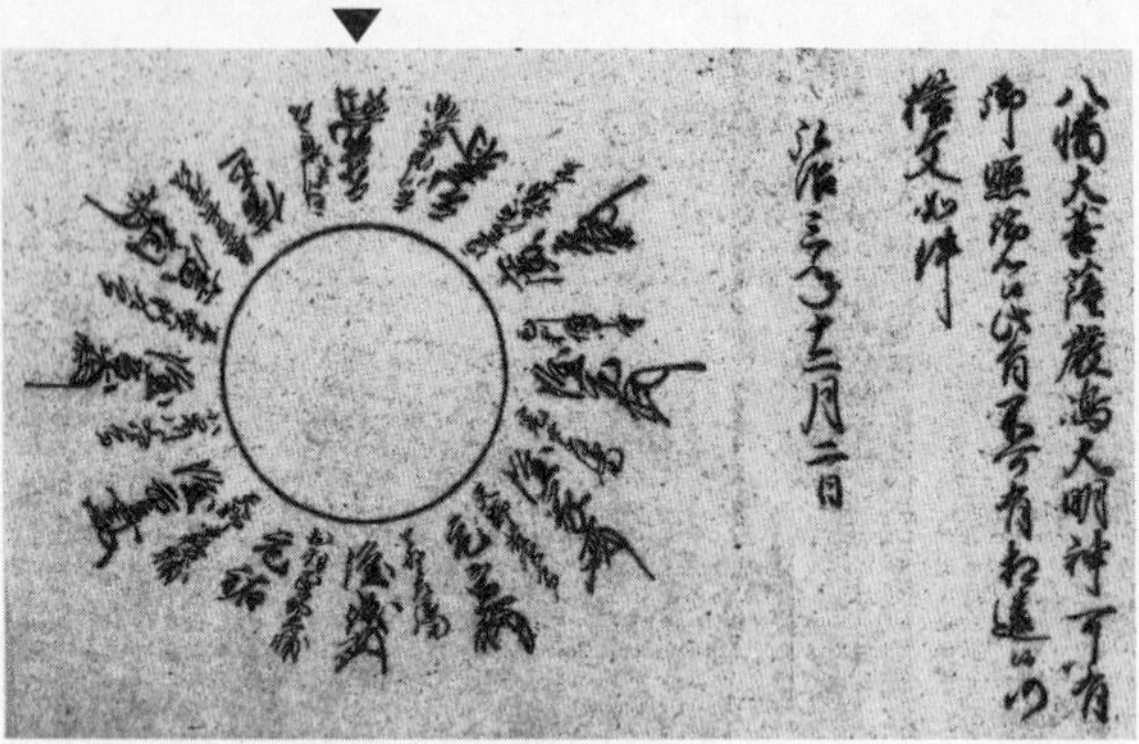

武士の傘連判の例　毛利元就ほか11名一揆契状　弘治３年（1557）
▼が毛利元就の署名　毛利博物館所蔵

ものではなく、署名の順番を分からなくすることに目的があったと推測されるのである。

　前近代社会においては――今でもそういう部分はあるが――署名の順序・位置は、署名者の身分・地位の高下を示す。実際、中世の一揆連判状には「次《し》第《だい》不《ふ》同《どう》」という文言が付されている場合がある。「次第不同」とは順不同という意味で、署名の順序に一定の規準がない、すなわち署名順序に地位の序列が反映されていないとわざわざ断っているわけだ。この「次第不同」方式は、多数の署名者に上下の区別をつけない、対等に扱うという一揆の平等の精神を視覚的に表示したものと言えよう。

　したがって傘連判も、参加者同士、あるいは参加した村同士の対等性を示すことに本質があったと考えられる。「天狗廻状」という命名も、人ならぬ存在が作成した、つまり誰かが作成したわけではないという演出によって、特定の人物・村の主導性を否定し一揆の平等を表明するという意図に基づくのではないだろうか。彼らは、頭取や発頭村《ほっとうむら》(リーダー村)などなく、全員の共同意思によって一揆を起こしたという主張を展開したのだ。

中世の「高札」はネットの掲示板

話を情報伝達の問題に戻す。保坂智《ほさかさとる》氏によると、天明期《てんめいき》(一七八〇年代)以降、百姓一揆の参加者募集方法が変化するという。すなわち張札《はりふだ》による動員が見られるようになり、十九世紀には廻状に代わって張札が主流化する。張札とは連絡事項を記して人目につく場所にはりだした紙や木札のことである。

廻状が村から村へとリレー方式で伝達されるのに対し、張札は直接個人に呼びかけるスタイルをとる。言い換えるならば、廻状による動員は村単位での百姓一揆への参加を想定しており、張札による動員は個人レベルでの参加に期待している。よって、江戸後期になると、村ぐるみでの百姓一揆への参加が少なくなってきたことが分かる。これは村役人・地主たちが藩と癒着した結果、彼らが百姓一揆を指導する立場から離れ、むしろ百姓一揆の攻撃対象になったからだ、と保坂氏は説く。

では中世においては、一揆の情報伝達はどのように行われたのか。江戸時代と異なり、その具体的なあり方を示す史料が少ないが、右に見た江戸時代の百姓一揆の情報伝達方式を参考にすることで、ある程度、想像することは可能である。

中世の広域的な一揆と言えば、やはり土一揆《つちいっき》、中でも徳政一揆だろう。徳政一揆の蜂起は「風聞（うわさ）」として瞬く間に広範囲に伝わることが多く、いわば口コミによって参加者が雪だるま式に膨れ上がるという事態は容易に想定できる。

また、徳政一揆が京都で鐘を鳴らし、太鼓を叩き、鯨波《とき》の声を上げる事例は多く見られる。土倉《どそう》などへの威嚇と同時に、徳政を触れ回り人々の一揆への参加を促す意味もあったと考えられる。江戸時代の百姓一揆も、寺院の鐘や半鐘《はんしょう》を鳴らし、法螺貝《ほらがい》を吹き、鯨波の声を上げることで一揆への結集を催促している。大音響によって一揆の開始を宣言し、人々を集めるという手法は超時代的に存在したと言えよう。

ただし、こうした人集めは、あくまで一揆が成立した後に、参加者をさらに増やすためのものである。まず中核となる集団を結成しないことには、いくら鐘を鳴らしたところで、一揆は生まれない。

この点で興味深いのが、室町幕府が長禄《ちょうろく》二年（一四五八）の七月二十八日に、東寺《とうじ》に対して出した命令である。それは、次のようなものであった（東寺百合文書《とうじひゃくごうもんじょ》）。

山城《やましろ》国内で土一揆を起こすことについて、幕府が厳禁したところ、近日、西岡《にしのおか》（現在の京都府を流れる桂川の西側一帯）あたりの村々で、土民たちが白昼に「高札《たかふだ》」を立て、夜になると「集会《しゅうえ》」を開いて、徳政の企てをしているという。これは、処罰されることを自分から望むかのような愚かな行為である。「張本之輩《ちょうほんのともがら》（首謀者）」を捜し出した上で、参加者の住所・氏名を申告するよう、東寺の荘園の「名主百姓等」に指示しなさい――

江戸時代の天狗廻状騒動がそうであったように、土一揆を起こす前には集会を開いて打ち合わせを行っておく必要があった。一堂に会し団結を固め情報を共有することで初めて、蜂起の時に一斉に動くことができたのである。そして集会の参加者から口伝てで一揆の計画を聞いていたであろう人々は、鐘や太鼓の音を合図に一揆に加わっていったのである。

ところで右の史料に見える「高札」とは、伝えたい内容を書いて、街路や町辻《まちつじ》など人通りの多い場所などに高く掲げた木の札のことである。高札を見た人々は、そこに書かれた内容を、高札を見ていない多くの人々に伝えていく。それを聞いた人は、また次の人に話して、というふうに高札の内容は口伝えでどんどん広まっていき、やがては思いがけないほど遠くの地域にまで情報が到達する。この時代、室町幕府も高札の形でしばしば法令を公布しており、高札を立てることは、新聞もテレビもない時代において、不特定多数の人々に広く情報を伝えるためには最も有効な手段だったと言える。

この「高札」にどのような内容が書かれていたのかは、右の史料からは全く分からない。しかし百姓一揆の「張札」から類推することはできる。おそらく、近々徳政一揆を起こす計画があることを伝え、いざ一揆が発生した時にはすぐに参加できるよう準備しておけと呼びかけるものだったと思われる。先ほど、徳政一揆蜂起の情報は「風聞」として広まっていくと述べたが、「高札」はその「風聞」の発火点として機能したのである。

徳政一揆の「高札」という動員形態からは、徳政一揆への個人参加が多かったことがうかがえる。かつて徳政一揆は、村落を結合単位とした地下人《じげにん》（民衆）の一揆として理解されていたが、そのような見方が成り立たないことは、この一事からも知れよう。

現代の「高札」は、インターネット上の掲示板（電子掲示板）であろうか。今やデモの開催がネット上で告知されることが当たり前になり、見知らぬ人々同士が気軽に結集するようになった。ネットの登場で、政治的な活動に参加することに対する心理的なハードルはかなり下がったように感じられる。このような現象を「ネットが社会を変えた」と興奮ぎみに評価することもできるだろうし、「テクノロジーが進歩しても人間のやることは本質的には変わらない」と冷ややかに捉えることもできるだろう。

食べ物のウラミはこわい――「アラブの春」と「京都の秋」

既に述べたように、「一揆」という言葉が集団を意味するようになったのは、南北朝期以降である。日本史研究者が「中世後期」と呼ぶ、この時代に、一揆という結合様式が社会全体に広がった。

なぜ、この時期になって、一揆が一般化したのだろうか。ここでは、その要因について考えてみたい。まずは、室町期に頻発した徳政一揆の原因について検討してみよう。

徳政一揆は土倉・酒屋といった京都の金融業者（というより高利貸し）を襲撃している。借用証書を強引に奪い返すという行為も散見される。このため古い研究では、「悪徳高利貸しに苦しめられた民衆の怒りが爆発し、徳政一揆を起こした」と考えられてきた。論文調で書くと、「貨幣経済の農村への浸透を契機とした都市高利貸資本の農村浸食」ということになる。何のことやら意味が分からない読者も多いと思うが、このような分かったような分からないような説明でごまかしてきたのが、かつての戦後歴史学であった。

右に見えるような、貨幣経済が進展すると貧富の「格差」が拡大して社会変革の気運が高まる、という学説は、資本主義が大嫌いで革命が大好きなマルクス主義歴史学の考え方に沿ったものだった。今でもそうだが、「資本家がますます裕福になる一方、労働者はますます貧しくなって借金地獄に苦しんでいる。格差社会反対！」という主張は、人々の共感を得やすい。そんなわけで、高利貸主犯説は長い間、通説の位置を占めていたが、実のところ、さほど史料的根拠のあるものではなかった。

最近の研究によると、土倉や酒屋は主に公家・武家などの大口の顧客を相手にしているという。小口の融資を行う場合でも京都やその近郊の住民を対象にしており、田舎の百姓に融資することはないらしい。そして、日頃から土倉にお世話になっている人々にとって、徳政令は手放しで歓迎できるものではなかった。確かに今までの借金はチャラになるが、今後はお金を貸してもらえなくなる可能性が高いからだ。このため、徳政令が出たにもかかわらず、借金を全額帳消しにはせず、土倉に対して一部返済や後日の返済を約束した上で質草を請け出す者も少なくなかった。

したがって、近江国《おうみのくに》（現在の滋賀県）や南山城《みなみやましろ》（現在の京都府南部）などの遠方から京都にやって来て土倉の蔵から物を取っていく百姓は、債務を破棄したというより、単に略奪をはたらいただけ、ということになる。彼らが困窮していたのは事実だろうが、貧困化の原因を「高利貸しからお金を借りてしまった」ことに求めることはできない。

では徳政一揆が発生する原因は何か。近年、注目されているのが飢饉との関連性である。日本史上初の徳政一揆である正長《しょうちょう》の土一揆が発生した正長元年（一四二八）は「天下大飢饉」の年であったし、その次に徳政一揆が発生した嘉吉《かきつ》元年（一四四一）も「日本大飢饉」の年であった。しかも、いずれも旧暦の八月に始まっている。これは米の収穫期にあたる。凶作、すなわち米があまり取れなかったことが、徳政一揆発生の背景になっていると考えられる。

このような相関性は右の二例に限るものではない。徳政一揆が発生した時期と、飢饉が発生した時期はほぼ重なる。十五世紀は徳政一揆の時代であるが、同時に飢饉の時代でもあったのである。食糧問題が民衆の政治・社会への不満を高め政情不安をもたらすことは普遍的な現象であり、いわゆる「アラブの春」に関しても食料価格の高騰が影響しているという見方が強い。徳政一揆の主因は飢饉であると言えよう。

金持ちは寄付をしろ

室町期には飢餓難民が京都に押し寄せ、幕府や寺院が彼らに粥を与えるという事例が散見される。こうした炊き出しも含め、貧者に物を施し与えることを当時の言葉で「施行《せぎょう》」という。徳政一揆も、この延長上に理解できる。土倉・酒屋を襲撃し略奪するという徳政一揆の行動は、いわば施行を強制するものなのである。

中世、金持ちは有徳人《うとくにん》と称され、有徳人のみに賦課される有徳銭という富裕税も存在した。そして災害の発生時など緊急事態においては、富める者がその富を放出して貧民を救うことが社会的に求められた。拠出しないと「徳のない人」として批判されてしまうのだ。

こういう考えを歴史学界では有徳思想と呼ぶ。

現代においても、大きな災害が発生するたびに、著名人の義捐《ぎえん》金額が取り沙汰され、誰それはあんなに稼いでいるのに全然寄付をしていないなどという非難が多く見られる。こういう庶民感情はいつの時代にも存在したと思うが、中世の恐ろしさは、富者が自発的に喜捨を行わない場合はムリヤリ金を出させるという行為が社会的に容認されていたところにある。これこそが徳政一揆の本質なのである。

では、どうして飢饉がこの時期に多発したのだろうか。最近、盛んに唱えられているのが異常気象説である。この時代の西日本はしばしば旱害《かんがい》（日照り、水不足の害）に襲われており、これによって凶作になったのだという。

天候不順が飢饉の引き金になっていることは間違いないが、それだけが原因とは言えない。東日本大震災がそうであったように、災害に純粋な「天災」などない。災害が人間社会の出来事である以上、常に「人災」の要素を含むのである。

ただ、室町時代の飢饉の「人災」的側面の解明は、学界でもあまり進んでいないのが現実である。乱開発（森林伐採）によって洪水が多発したとする説、穀物よりも京都向けの商品作物の生産を優先する当該期の生産構造（ひいては経済構造）に問題があったとする説など、色々な可能性が指摘されているが、研究はまだ緒についたばかりである。

いずれにせよ、農村から都市に飢民がなだれこむ（消費地より先に生産地が飢える）という現象は天災説では説明できず、飢饉をよそに京都の貴顕が爛熟《らんじゅく》した文化に耽溺《たんでき》していた事実を浮き彫りにする。日本の戦中戦後がそうであったのと同様に、どんな食糧不足の時代でも、食糧は「ある所にはある」のだ。この点の追究は、学界の今後の課題と言えるだろう。

それはともかく、災害時に「人のつながり」の重要性が再確認され、人々の連帯が強化されるのは、今も昔も変わらない。惣村《そうそん》が確立したのも、飢饉が頻発した室町時代のことである。惣村とは自治権を持った村落のことで、その実態は百姓の一揆的結合である。惣村が一丸となって土一揆を起こす事例も見られる。人々の生存をおびやかす危機的状況が強固な結合を生み出すバネになったことは疑いない。

こうした室町期の一揆に先がけて登場したのが、武士の一揆、いわゆる「国人《こくじん》一揆」である（五〇頁）。南北朝期に多くの国人一揆が結成されたのは、言うまでもなく南北朝内乱という「戦争」が原因であった（国人一揆に関しては第六章で詳述）。

中世後期が一揆の全盛期であったのは、災害と戦争の絶えない時代であったことに起因する。非常時に対応するための有効なシステムとして、一揆という結合形態は社会全体に広まっていったのである。

連歌——一揆の文化

前項で危機管理システムとしての一揆を見たが、中世の全ての一揆がそのようないかめしいものだったわけではない。むしろ室町時代の社会構造そのものが一揆的であったと言えるのである。

室町文化の特徴として、しばしば挙げられるのが、集団芸能の発達である。その代表が連歌《れんが》である。連歌は、複数の人が一カ所に集まって、和歌の上の句（五・七・五）と下の句の（七・七）を分けて交互に詠みつづけて、一つの作品に仕上げていくという連作形式の詩である。鎌倉時代から百句を一作品とする百韻《ひゃくいん》の形式が整えられ、南北朝時代を経て室町時代に最盛期を迎えた。

戦国時代の話ではあるが、天文《てんぶん》十三年（一五四四）、京都の連歌師・宗牧《そうぼく》が三河国西郡《みかわのくににしごおり》（現在の愛知県蒲郡《がまごおり》市）を訪れた際、西郡の国人である鵜殿《うどの》一族と西郡松平《まつだいら》一族が宗牧を宗匠《そうしょう》（師範）に迎えて連歌会「西郡千句」を数日間かけて行った。鶴崎裕雄《つるさきひろお》氏によると、彼らは鵜殿長持《ながもち》を中心に国人一揆を結成しており、この千句連歌（一座百韻ごとの連句を十巻続けて行う）からは一揆の平時の姿を見ることができるという。すなわち、西郡の国人たちが一所に会して連歌を楽しむことで、親睦を深め結束を固めるのである。

現代で言えばカラオケ大会のようなものだが、めいめいが好き勝手に歌うカラオケと違い、連歌は共同制作の文芸であり、百韻をまとめるための創作活動じたいの中から強い連帯感が生み出されていく点が重要である。

連歌では最初の一句である発句《ほっく》だけは目の前の実景を詠むことになっているが、脇句《わきく》（第二句）以下では前句に付ける形で歌を詠んでいく。前句との関連性を持たせて詠む必要があるが、かといって前句にばかり付いているのもダメである。一句一句は独自性・独立性を求められており、一句だけ取り出した場合に意味不明なものや前句の説明になってしまったような付句《つけく》は嫌われる。また、付句は次の作者にとっては前句になるわけだから、後へと引き継げるような句を詠まなければならない。全体の流れを無視して独りよがりな歌を詠んではいけないし、逆に座の「空気」を配慮するあまりオリジナリティのない歌になるのもよくない。突出でも埋没でもない微妙な匙《さじ》加減が要求されたのである。

南北朝時代の最上級貴族で連歌の大成者でもある二条良基《にじょうよしもと》は、著書『筑波《つくば》問答《もんどう》』において和歌と連歌の比較を行っている。和歌の良し悪しは個人、ひいては家の名誉に関わるので、後世に残るような素晴らしい歌を詠もうという執着、雑念がどうしても生じてしまう。それに対して連歌は「当座の逸興《いっきょう》」、その場が盛り上がればいいというものであるから、歌を詠む際に妙な気負いが生まれることはない、というのである。いわば無我の境地だ。

正岡子規《まさおかしき》が「発句は文学なり、連俳《れんぱい》は文学に非ず」と宣言したのは、実にこの点に関連する。連歌の一句一句は個人が詠んだものだが、誰それがどういう歌を詠んだということを超越して、一座全体としてエクスタシーに達することが重視される。それは近代的個人＝自我によって生み出される「近代文学」とは決定的に異なるものなのである。

連歌の参加者は相互に対等であり、他の参加者と協調しつつ主体性を発揮し、最終的には没我＝集団的熱狂に至る。これは一揆のメンタリティそのものである。

イベントとしての一揆

この点で興味深いのが、大和国東山内《やまとのくにひがしさんない》（奈良盆地の東に広がる大和高原地方）の国人一揆である。東山内の武士たちは、現在の宇陀《うだ》市室生《むろう》染田《そめだ》に所在する染田天神（現在の染田《そめだ》春《かす》日《が》神社）の連歌堂において、貞治《じょうじ》年間（一三六二～六八）から戦国時代の末まで毎年、天神連歌千句会を開催していた。この千句会の運営を担ったのが天神連歌《れんが》講《こう》という組織であるが、安田《やすだ》次郎《つぐお》氏は組織の実態を詳しく検討し、連歌講という姿をとって現れた一揆であることを明らかにした。

東山内の武士たちは、南北朝内乱が起きて朝廷が北朝と南朝に分裂した時、一味同心して南朝方についた（ただし北朝方という異説もある）。この地域的軍事同盟を基盤にほどなく結成されたのが染田天神連歌講であった。彼らは天神連歌講の運営方法に関する規定を永享《えいきょう》六年（一四三四）に成文化しているが、そこでは年預《ねんよ》（年ごとに交替する幹事）の選定など重要事項の決定において「多分評定」（多数決制）が重視されている（染田天神神社文書）。これは連歌の衣をまとった一揆に他ならない。

戦闘集団と連歌という組み合わせは現代人から見ると奇異に映るかもしれないが、この千句興行は単なる娯楽、遊興ではない。染田天神連歌講はもともと天満天神《てんまてんじん》（菅原道真《すがわらのみちざね》の御霊《ごりょう》）、より具体的には本尊である天神御影《みえ》（天神の画像）を慰めるためのイベントである。このような神仏を楽しませる行事のことを「法楽《ほうらく》」という。

神様を喜ばせるというところから出発して、人間どもが楽しむことの方がメインになっていくというのが芸能の歴史であるが、それはともかく、何のために神様を楽しませるのか。一言で言えば、それは、神の御加護を得るためである。連歌会が戦勝祈願のために開催された例は多い。したがって、染田天神連歌千句会も東山内武士たちの戦勝祈念の場であったと考えられる。学生運動華やかなりし時代に隆盛した歌声喫茶でも、ロシア民謡、労働歌、反戦歌などが歌われた。娯楽の要素を伴いつつ士気昂揚《こうよう》の効用があったことは間違いないだろう。

匿名性による平等性

南北朝時代以降、連歌が大流行したのは、どうしてだろうか。色々と理由は考えられるが、やはり内乱によって、社会秩序が大変動を起こしたことが大きかったと考える。

後醍醐《ごだいご》天皇による「建武《けんむ》の新政」の時代、何者か（旧体制を懐かしむ京都の下級貴族か）が京都の二条河原《にじょうがわら》に社会批判の高札を立てた。有名な「二条河原の落書《らくしょ》」である。

落書とは、匿名で社会や特定個人を批判・告発する文書のことで、本来は人々が往来する場所にこっそりと文書を落としたことから、この名がある。南北朝期以後の京都では、落書札を立てたり門や壁に落書を貼り付けたりして権力者をからかう事例が目立つようになる。前述のように、当時、不特定多数に情報を伝達するには、人々が集まる場所に高札や張り紙を掲示するという手法が最も効果的だったからである。

さて、この二条河原の落書には「京鎌倉ヲコキマセテ　一座ソロハヌエセ連歌　在々所々ノ歌連歌　点者ニナラヌ人ソナキ」とある。いわゆる「下手の横好き」というやつで、教養のない連中が流行に飛びついて作法を無視した「エセ連歌」を行っていることを風刺している。逆に言えば、それまで連歌に縁のなかった階層にまで連歌が広まった、ということである。

全体として二条河原の落書には、建武新政の過程で台頭した〝成り上がり者〟への嫌悪感が強く表れている。成り上がり者、すなわち新興勢力に支持された遊芸が、参加者の平等を原則とする連歌であったことは、偶然ではないと思う。

たとえば鎌倉中期から南北朝期にかけて盛んに行われた「花の下《もと》連歌」は京都の寺院にある枝垂《しだ》れ桜の下で開催される春の連歌会だが、これは十名内外の連衆《れんじゅ》が歌を詠んだ後は、周囲の「よろづのもの」も自由に歌を付けることができる観客参加型の連歌会であった。この際、飛び入りの参加者は身分・姓名を隠すことが求められた。そのことによって、現実社会における身分秩序が一時的に無効化されるのである。見物人が笠を着る「笠着《かさぎ》連歌」というものもあり、強訴《ごうそ》の覆面に通じる側面が見てとれる。匿名性によって平等性が確保されるのであり、こうした特性ゆえに連歌は幅広い階層をひきつけられたのである。

室町幕府が建武三年（一三三六）に制定した基本法典『建武式目《けんむしきもく》』では、武士たちが茶《ちゃ》寄合《よりあい》や連歌会にかこつけて賭け事を行うことを禁止している。ここに見える連歌会はどんちゃん騒ぎとほとんど変わらず、二条良基が説くような芸術性の高いものには程遠い。しかし武士や民衆が積極的に参加するようになったことで、連歌に活力が生まれたことは否定できないだろう。こうした無礼講の場におけるエネルギーを取り込みつつ、二条良基は連歌のルールを整えていくのである。

足利尊氏《あしかがたかうじ》が東は関東から西は九州まで転戦したことに象徴されるように、南北朝内乱は列島規模での人や物の大移動を促し、京都と地方との交流を活性化した。それと同時に、公家の文化と武家・庶民の文化も融合していく。貴賤が相交わる連歌は、そうした寄合の文芸の最たるものであり、いわば「一揆の文化」である。

もっとも、当時の人々が常に前向きな気持ちで一揆を結んでいたわけではない。彼らが連歌や茶寄合に情熱を傾けるのは、不安の裏返しと見ることもできる。長い内乱の中で従来の共同体は解体されていき、人々は自らが立脚する基盤を失いつつあった。その不安定さを克服するための一つの手段として、一揆という新たな社会的ネットワークが普及したのである。

では人々は、具体的にどのようにして一揆を結んだのか。立場の異なる人たちが心を一つにするという行為は、口で言うほど簡単なことではない。一揆の参加者募集に関しては、その作法を解説したが、それ以外については本章では省略してしまった。この問題は重大なので、章を改めて論じたい。

第五章

「一味神水」はパフォーマンス

「一味神水」という儀式

従来の研究によると、一揆を結ぶ時には「一味《いちみ》神水《しんすい》」という奇妙な儀式が必要だという。本章では最初に、「一味神水」の具体的な手順について、前章冒頭でも用いた『伊《い》信《しん》騒動記』の叙述に基づき解説する。

寛延《かんえん》二年十二月三日、信夫《しのぶ》郡宮代《みやしろ》村の山王権現《さんのうごんげん》の拝殿に集まった各村の代表を前にして、長倉村の百姓、彦内が次のように語った。「私が見た夢の中に高貴な老人が現れ、「このままでは悪代官の神山と手下の土屋の非道によって、伊達《だて》・信夫両郡は荒廃する。お前は徒党の頭取となって、両郡の百姓を社地に集め、誓いを立てて、速やかに二人を成敗せよ。私も霊力によってお前たちを助ける」と言った。これは山王権現のお告げに違いないと思い、当社に詣でて祈りを捧げた。すると帰り道、鳥居の笠木《かさぎ》にとまっていた鳥が何やらく

東義久血判起請文　天正６年(1578)　早稲田大学図書館所蔵結城白川文書
熊野那智大社の牛玉宝印「那智滝宝印」の裏に起請文が書かれている。

わえて飛んできて、私の頭の上に落としたので取り上げてみたところ、山王権現の牛《ご》玉宝印《おうほういん》であった。これで大願成就は間違いなしと思い、家に帰って廻文を書いたのだ」と。

一同がどよめくと、源七と半左衛門という二人の男が進み出て、「自分たちも「彦内殿を補佐せよ」という夢を見た」と言う。そこで彦内はカラスからもらった牛玉宝印（寺社が発行する護符、カラス文字で書かれた熊野牛玉宝印が有名。上の図版を参照）の裏に起請文《きしようもん》を書いた。続いて、起請文に白紙をつなげて、その先頭に署名し、指を切って血判（自らの血を署名の上に滴らせること）を加えた。続いて源七、半左衛門も血判し、順々に回していき、全員が血判した。

彦内はこれを受け取って、神前で焼いて灰にして、灰を一椀の水の中に入れた。この水を彦内からはじめて順々に回し飲みして、各人の体内に入れた。この儀式が終わると、彦内は代官に提出する予定の一通の願書を取り出し、百姓たちの意見を求めた。そして参加者全員の同意を得て、この願書を提出するところから、百姓一揆はスタートするのである。

右の具体例から分かるように、一味神水とは、一揆に参加する全員が神社に集合し、心を一つにすることを誓い、その誓約を破った場合は神罰を受けても構わない旨を起請文に書き記し（牛玉宝印の裏に書くことが多い）、そこに全員が署判（これを「連署《れんしょ》」「連判《れんぱん》」などと呼ぶ）した後、その文書を神の前で焼いて、その灰を神水（聖なる水）に浮かべて一同で回し飲みする、という神秘的な儀式のことである。

つまり「一味」して「神水」を飲むから「一味神水」である。なお一味神水の時に鐘をつく場合もあった（後述）。

江戸時代の史料の中には百姓一揆を「徒党を結び、一味神水の訴訟」と表現しているものもあり、百姓一揆と一味神水が密接に関連していたことは確実である。

だが一味神水は江戸時代の百姓一揆のオリジナルではなく、その歴史は中世に遡る。百姓たちが荘園単位で連合する際に一味神水が行われている。たとえば東大寺領の美濃国大井荘《みののくにおおいのしょう》（現在の岐阜県大垣市）では鎌倉初期の承元《じょうげん》四年（一二一〇）ごろ、新任の下司《げし》（下級の荘官）に対し「庄民等一身《（味）》同心にて、起請を書き、神水を飲」んで抵抗したという（寛喜三年五月十一日中原章行明法勘文）。要するに起請文を書き、一味神水することで、百姓たちは下司に対抗する一揆を結成できたのである。

おそらく「一味神水」という言葉の史料上の初見は、文永《ぶんえい》十年（一二七三）八月十日の関東下《げ》知状《ちじょう》案（高野《こうや》山文書《さんもんじょ》）ではないかと思う。高野山領遠江国《とおとうみのくに》那賀荘《かのしょう》（現在の静岡県湖《こ》西《さい》市新居《あらい》町中之《なかの》郷《ごう》）において、百姓たちが預所《あずかりどころ》（上級の荘官）の罷免を要求して、「神水」を飲み「鐘」を突いた。高野山の要請を受けた鎌倉幕府は、この「一味神水」を「罪《ざい》科《か》」と認定し、首謀者の逮捕を命じている。「一味神水」という熟語の出現は、神水を飲む際の作法が定式化したことを示しているのだろう。

一味神水を行ったのは百姓だけではない。寺僧も「供衆等、一味同心致し、神水に及ぶ」（水木文書）、「神水集会《しゅうえ》」（『大乗院寺社雑事記《だいじょういんじしゃぞうじき》』）など、「神水」を飲むことで「一味同心」を実現していた。後述するように、武士たちも一揆を結ぶ際にはしばしば一味神水を行っている。

江戸時代と異なり、あらゆる階層で一揆が結ばれた中世においては、やはりあらゆる階層で「一味神水」が行われたのである。

なぜ起請文を飲むのか

さて第三章で述べたように、そもそも起請文は、神罰への恐怖という精神的呪縛によって誓約内容を遵守させるための文書である。したがって単純に考えると、起請文を作成すれば、それだけで用は足りるはずだ。なぜ起請文を燃やして灰にして、それを神水に混ぜて飲むという儀式が必要なのか、という点が問題になる。

勝俣鎮夫《かつまたしずお》氏は、古代以来の祭りの場での宴会から類推して、次のような説を唱えている。神水とは神の飲む水であり、この神の水を多数の人々が神前で分かちあって飲むことは、神と人、人と人との共食共飲を意味する。そして、神と人との共同飲食という神秘体験を通じて、人々は神と一体化する。この、神と一体化した、神に変身したという各人の意識、神がかり状態こそが一揆の結束を生むのだ、と。

現代の「固めの杯」の問題にも通じる普遍性を備えた、なかなか魅力的な推論ではある。確かに、一味神水の場には神がいると当時の人々は考えていた。峰岸純夫《みねぎしすみお》氏らの研究が明らかにしたように、神前で鐘・鰐口《わにぐち》などを打ち鳴らすのは、その清らかな音色によって神を迎え入れるため、つまり「神おろし」のためである（現在、神社に参拝した時に鈴を鳴らすのも、そのためである）。

しかし一味神水の場に神がいるということが即、神との共同飲食や神との一体化を意味するわけではない。勝俣氏の説明では、単に神水を飲むのではなく、起請文を燃やした灰を混ぜて飲むことの意味が理解できない。また、先の『伊信騒動記』では、「呑廻《のみまわ》し、各肺腑《はいふ》におさめ」と表現されており、食事の雰囲気はない。どちらかというと、護符や経文をちぎって水に浮かべ薬として飲むという、現代にまで続く習俗との類似性を感じさせる。

この問題を考える上でヒントになると思うのが、参籠起請《さんろうきしよう》である。参籠起請とは、被疑者の主張の真偽を明らかにするための神判《しんぱん》（有罪・無罪の判断を神に仰ぐ裁判）の一種で、まず自らがウソを述べていないことを神に誓った上で神社の社殿などに籠もり、参籠中に身体の不調（鼻血や発病など）が現れなければ、潔白の証明となった。

室町時代のとある参籠起請では、女性との性的関係を疑われた僧侶が起請文を二通したため、一通は不動明王の御前に籠め置き、一通は焼いて灰にし、参籠二日目に、その灰を飲んだという。清水克行《しみずかつゆき》氏が指摘するように、社殿に籠もって起請文の灰を飲むという右の行為は、「一味神水」における「神水を飲む」という行為と共通すると考えられる。

私が思うに、起請文を身体の内部に取り込むという行為と、身体に不調が生じるか否かという現象は対応している。嘘をついているのに起請文という誓約書を飲んだら身体に異変が起こる。つまり起請文の灰が体内で悪さをするのだろう。古代インドには毒物を飲んで有罪無罪を決める毒神判というものがあるそうで、危険なものを身中に入れても無事であることが潔白の証明につながるという発想は、日本以外の文明においても見られる普遍的なものと推定される。

とすると、一揆の誓いに違反した場合に発生するとされる神罰の具体的内容も、起請文の灰を体内に取り込んだ結果として体内に異変が起きる、というものではないだろうか。軍記物『平家物語』の異本である『源平盛衰記《げんぺいじょうすいき》』は、安元《あんげん》元年（一一七五）、白山大衆《はくさんだいしゅ》が強訴《ごうそ》を行う前に一味神水した様子を「各人が白山権現の御前で一味の起請文に署名し、その起請文を焼いて、その灰を神水に浮かべて飲んだ。身の毛がよだつ思いがした。（各白山権現ノ御前ニシテ、一味ノ起請ヲ書、灰ニ焼テ、神水ニ浮メテコレヲ呑ム、身ノ毛竪《たち》テゾ覚ケル）」と描写している。起請文の灰を飲んだ以上、もし誓約を破ったら、どんな災いが起こるか分からない。これからの自分の行い次第で、灰は毒にも薬にもなり得る。そのことに思いをめぐらした時、人々はまさに「身の毛がよだつ」恐怖に直面したのである。

一揆の場における一味神水とは、わきあいあいとした宴会的な共同飲食ではなく、恐怖と緊張に満ちた一種の試練だったのである。

一味神水は神秘体験か

以上で述べたように、一味神水は、人々の神への恐れを利用することで、裏切りを防止し結束を固める効果を一揆にもたらした。しかしながら、一味神水の全てを人々の信仰心の問題として片づけてしまうのは、いささか安直で感心しない。

一九八〇年代以降、日本史、特に日本中世史研究の分野では「社会史ブーム」が起こり、中世人の宗教的な観念に注目が集まるようになった。これは、生産様式や所有関係など経済的・物質的な問題を重視する一方で、中世人の行動様式や思考様式など精神的な問題に無関心であった従来のマルクス主義歴史学（唯物史観）へのアンチ・テーゼとして生まれたものだった。

社会史研究の功績は多大であるが、しばしば批判されるように、中世人の非合理性をやたらと強調する傾向があることは否めない。現代には見られない、一風変わった中世の習俗を目にすると、社会史研究者は「中世人は現代人と異なる価値観、世界観を持っており……」と考えがちだが、そこには無意識のうちに「中世人は呪術や迷信に惑わされていた」という先入観が作用してはいないだろうか。

中世人が私たちより信心深いことは確かだろう。だが心霊現象に飛びつきスピリチュアル・ブームに踊る私たちが、中世人を笑えるほど理性的かどうかは疑わしい。逆に、中世人がどこまで本気で神や仏を信じていたかも考えてみる必要がある。とりたてて信仰心のない私のような人間でも初詣ではするし神頼みもする。宗教的な儀礼を慣習として行うことと、神や仏を篤く信仰することとは、決してイコールではないのである。

たとえば湯起請《ゆぎしよう》という神判がある。これは犯罪の容疑者や民事裁判の当事者が起請文を書いて、ウソいつわりは言っていないと神仏に宣誓した後で熱湯に手を入れるという手続きを踏むもので、室町時代に盛んに行われた。熱湯に手を入れた結果、火傷を負った人間は偽証したものとみなされ、断罪されるのである。

清水克行氏によれば、この湯起請、自身の正当性を裏づける証拠がないなど、客観的に見て情勢が不利な側が率先して希望することにより実施される事例が多いという。すなわち、ノーマルな証拠審理では勝ち目がないので、一か八かの賭けとして「まどろっこしい裁判はやめて、さっさと湯起請で決着をつけようじゃないか!」と提案しているのだ。

こういうことを言い出す人は、虚言を弄する自分が神の怒りによって火傷を負うことになる、とは考えていないはずである。ほとんど度胸試しの感覚と言える。つまり「神をも恐れぬ」人間なのである。もちろん、多くの人々が神の意志の存在を信じているがゆえに湯起請という神判が成立しているわけだが、一方で周囲の人々の信仰心を利用する「罰当たり」な不届き者も中世社会に少なからず存在したことを見逃してはならないだろう。

「空気」という集団心理

一揆を結ぶ際に呪術的信仰が果たした役割を特筆する社会史研究に対し、近年「一味神水は一揆に不可欠な要素ではない」という批判が提出されている。それによれば、十五世紀半ばにしばしば発生した土一揆の場合、京都に押し寄せる最終局面においては、その規模は数千人に達していたという。土一揆を主導した中核グループはともかく、一揆参加者が全員、一味神水の儀礼を経たとは考えにくい、というわけだ。

同じことは百姓一揆にも言える。先に紹介した天狗廻状《てんぐかいじょう》騒動でも、山王権現の拝殿に集まって一味神水を行ったのは、各村の代表者だけである。『伊信騒動記』によると、この時の百姓一揆の参加者は一万六八〇〇余人だという。誇張があるにせよ、数千人の百姓が参加しているはずで、彼らが全員、一味神水を行ったということは考えられない。百姓一揆は「参加しない村は焼き討ちする」と脅迫して参加を強制することもあり、一揆イコール一味神水を遂げた集団、とは言い切れない。よって右の批判は的を射たものと言える。

けれども、「一味神水」に参加していない人も一揆に参加している、という批判だけでよいものだろうか。「一味神水」に参加した全ての人が神への恐れを抱いており、それゆえに一揆の強固な結束が実現したという、そもそもの前提を問い直す必要があるのではないか。左に一例を挙げよう。

第二章で取り上げた永和《えいわ》三年（一三七七）の播磨国矢野荘《はりまのくにやののしょう》の荘家《しょうけ》の一揆（六四頁）では、逃散《ちょうさん》を実行する前に一味神水を行っている。荘民のねばり強い抵抗の結果、ついに代官祐《ゆう》尊《そん》は荘園領主の東寺《とうじ》によって解任され、矢野荘を去った。荘家の一揆の要求が通ったのである。

しかし東寺は、一揆の言いなりになるだけでは百姓たちを増長させてしまうと考えたのであろう、一揆の指導者である名主の実長《じっちょう》の所領を没収した。これに対して実長は所領の返還を嘆願する中で、次のような弁明をしている（東寺百合文書《とうじひゃくごうもんじょ》）。

祐尊の不法行為について、矢野荘の名主・百姓一同が訴訟をした時、私がリーダーを務めたと誰かが中傷したとのことですが、どんな証拠があるのでしょうか。矢野荘にある五十余りの全ての名《みょう》をそれぞれ預かる名主数十人が一味同心して連判の嘆願状を作成して訴え出ようという時に、どうして私一人が異議を唱えることができるでしょうか。もし矢野荘全体で結成された一揆に加わらなければ、私はたちまち一揆に処罰されてしまいますので、その場の難を逃れるため、本心ではありませんでしたが、署名しただけです。

（上総法眼《かずさほうげん》御房非法猛悪の事、惣庄の名主・百姓一同の訴訟に及ぶの時、張本人を致すの由、掠《かす》め申すとうんぬん、支証いかようの事や、惣庄五十余名、名主数十人、一味同心に連判を以て訴え申す時、いかでか一人異儀を存ずべけんや、若《も》し惣庄の一揆に背かば、たちまち罰せらるべきの間、一旦の難を遁《のが》れんがため、本意に非ずと雖《いえど》も、判形を加ふるばかりなり)

矢野荘全体で強訴、逃散をしようという時に、一人だけ反対意見を唱えようものなら、一揆に処罰されてしまうから、保身のために仕方なく起請文に署名しただけで、煽動なんかしていない、というのである。単なる言い訳ともとれるが、百姓一揆の参加強制から想像するに、一揆結成の際に、この種の同調圧力がはたらいたことは確実だろう。第三章で、大衆僉議《だいしゆせんぎ》においては強訴反対を主張することは難しいと論じたが、それと同じことである。実長は周囲の殺気を帯びた雰囲気に圧倒され、ホンネを隠して一味神水に参加したのであり、彼もまた「神をも恐れぬ」不信心者と言える。

そういう意味では、神罰への恐怖をバネに人々が結合する、という理解は一面的であろう。一味神水の場を支配しているのは、必ずしも神の意志だけではない。「空気」という集団心理の規定性は無視できないと思う。一味神水は何のために行うのか、という一見すると自明の問題を、改めて考察する必要があるだろう。

焼く起請文と残す起請文

一味神水という儀式で注目すべき要素としては、灰を飲むことの他に、起請文を燃やすという点が挙げられる。起請文を飲みこむことだけが求められているならば、焼かずに、そのまま ちぎって飲んでも構わないはずである。

この問題については、千々和到《ちぢわいたる》氏が面白い仮説を提示している。文書を焼いて煙を天に届けることは、自分の誓約を神に伝えることを意味しているというのである。つまり、人と神を煙がつなぐ、ということである。

この起請文を焼くという作法も一味神水の神秘性を高める効果を果たしており、神秘体験を通じて人が神に変身するという勝俣説の補強材料になっているわけだが、本書では「焼く起請文」ではなく、焼かない起請文、すなわち「残す起請文」に注目したい。

先ほど示した参籠起請の事例からも分かるように、同じ文面の起請文を複数作成し、そのうちの一通は焼くが、他は焼かない、というケースが史料から確認される。どうやら焼くだけでなく、神前に納めるという形も併用して、神に誓約を捧げていたようである。お供え物の感覚だろうか。この奉納というスタイルは、焼くという行為に比べれば現代人にも理解しやすく、神秘性も薄い。ここからは、起請文を焼かずに人に手交《しゅこう》するという行動様式が容易に類推できるだろう。

千々和氏によれば、「紙に書く誓約」、「文書として残された起請文」は、書くという方法でしか伝えられない相手、「誓言の場」にいない人々(領主や隣国の大名、同じ共同体の次世代の人々など空間的・時間的に離れた人々)に誓約を伝えるために作成されるという。千々和氏は時代が下るにしたがって、焼いて神に届ける起請文から人の手に保管される起請文へと移行すると論じているが、両者が当初から併存していた可能性を探ってみたい。

壇《だん》ノ浦《うら》の戦いで平家を滅した源義経《みなもとのよしつね》は、やがて兄の源頼朝《よりとも》と対立し、鎌倉にいる頼朝から刺客を送られる。刺客の土佐房昌俊《とさのぼうしょうしゅん》は京都に到着するが、そのことを知った義経は武蔵坊弁慶《むさしぼうべんけい》に命じて昌俊を連れてこさせる。自分を討ちに来たのではないかと詰問する義経に対し、昌俊は「一旦の害をのがれんがために、居ながら七枚の起請文をかいて、或《あるいは》やいてのみ、或社に納《おさめ》などして」潔白を訴えた。これにより昌俊は釈放されたが、その夜には義経邸を襲撃する。彼もまた「神をも恐れぬ」大ウソつきだったのである。

この土佐房襲撃事件は軍記物『平家物語』などに見える逸話で、どうやらフィクションらしいが、起請文の利用法という点に関しては、当時のあり方を反映していると考えられる。なぜ七通も作成するのかはよく分からないが、これだけ多数の起請文を作成しているのだから、焼いて飲んだり神社に納めたりするだけでなく、当の義経にも手渡されたはずである。

神に捧げ人に渡す

これらは果たして例外であろうか。私たちが目にすることができる起請文の実物は、もちろん焼かれなかった起請文だけであるが、「正文《しょうもん》（写しや控えに対して、もとになる文書原本）は神前において麗水で呑んだ」といった断り書きのある起請文が現存していることを踏まえると、「焼く起請文」と「残す起請文」をセットで作成することが一般的なあり方だったと考えられる。すなわち、正文を焼いて神に捧げる一方で、案文《あんもん》（正文と同等の法的効力を持つ写し）を残して人に提出する、というスタイルが想定できるのである。神前に奉納する起請文は、その中間的形態と言えるのではないか。

千々和氏は、起請文を焼き、煙が天に届くことを視覚的に確認できれば神に誓約を伝えるという起請文の目的は十分達せられるのであり、正文はもちろん、その写しすら論理的には保管しておく必要はない、と説く。つまり、焼いて残らない起請文こそが、本来の起請文であり、焼かないで残す起請文は後から生まれたというのだ。そして変化の背景として、時代が下り、人々の神仏への畏敬の念が薄れた結果、起請文の呪術性が失われ、神に捧げるよりも人に手渡すことが重要になった、という社会動向を氏は想定している。

しかし焼くためだけに、わざわざ起請文を作成するというのは、不自然ではないだろうか。一定の書式に則って文字を書くということは、基本的には文書として残すことを前提としているはずだ。書いた途端に焼くことが起請文の本来的かつ唯一の機能とは考えにくい。起請文はもともと人に送ることを目的としていたと見るべきである。

勝俣氏によれば、「一味神水」の原初的な形態は、金属器を打ち鳴らし、誓言を述べ、神水を飲むといったもので、起請文を焼いてその灰を神水に入れて飲むという作法は、後になって創り出されたものだという。つまり口頭ではなく、起請文という文書を使って誓約している時点で、「一味神水」の本来のあり方からは外れているのである。起請文の誕生、すなわち音声から文字へという誓約方式の転換こそが重要なのであって、起請文を焼くか残すかという話はそれに比べればささいなことである。

起請文は中世に誕生した文書である。そして中世社会は決して未開社会ではない。なにしろ裁判で証拠文書の筆跡鑑定が行われる社会であるから、立派な文明社会である。だから起請文を呪術観念とストレートに結びつけるべきではない。中世前期には起請文は神に捧げるものだったが、〝脱呪術〟によって中世後期、特に戦国時代になると人に渡すものに変わった（未開から文明へ）という説明は、耳に心地よいが、中世人を侮っているように感じる。成立当初から、起請文は神に捧げると同時に人に渡すものであったと私は考える。

荘家の一揆の交渉術

荘園の百姓たちが荘園領主に提出する連名の嘆願書を、専門用語で「百姓申状《ひゃくしょうもうしじょう》」という。文書様式としては「〇〇庄百姓等、謹んで言上《ごんじょう》す」などと書き出している点に特徴があり、荘家の一揆には基本的にこの百姓申状が伴った。百姓申状に代官更迭や年貢軽減などの要求を書いて荘園領主に送りつけたのである。

まず百姓申状を提出し、荘園領主と百姓たちとの間で使者の往復による交渉が行われ、それでもらちが明かない時に百姓たちは逃散するのである。つまり百姓申状→逃散という順序であり、百姓申状は逃散を合法的に実行する上での必須アイテムと言える。

この百姓申状という文書、一揆研究の観点からは非常に興味をそそられる。実は、荘家の一揆が一味神水を行っていたと分かるのは、百姓申状にそう書いてあるからなのだ。

本書でたびたび取り上げている永和三年の播磨国矢野荘の一揆について、東寺側の記録「学衆方評定引付《がくしゅうかたひょうじょうひきつけ》」の正月二十日の記事は、「荘家の百姓たちが神水を飲み、正月十四日に全員が逃散した」と記している。矢野荘では毎月十三日に鎮守の大僻《おおさけ》宮（現在の相生《あいおい》市若狭野《わかさの》町下土井に鎮座する大避神社）で十三日講という会合が行われているので、一味神水は正月十三日に行われ、翌日に逃散（ストライキ）を開始したと考えられる。

なぜ京都にいる東寺の僧侶たちが遠く矢野荘で暮らす百姓たちの逃散の日時まで把握しているのかというと、百姓たちが「連署起請申状」を使者に託して東寺に送ってきたからである（この申状は十八日に東寺に到着した）。百姓申状に「一味神水を行った上で逃散した」と書いてあるから、東寺はその事実を知ったのであり、逆に言えば、東寺に一味神水の実行を知らせるために、百姓たちは意図的に記載したのである。

他にも次のような事例がある。南北朝時代の延文《えんぶん》二年（一三五七）、若狭国太良荘《わかさのくにたらのしょう》（四八頁参照）の百姓たちが百姓申状を提出して、公文《くもん》（下級の荘官）の禅勝《ぜんしょう》の解任を荘園領主の東寺に要求している。この百姓申状の中には、彼らが「厳密の御沙汰《ごさた》なくんば、名田畠《みょうでんぱく》を捨て、御百姓等山林に交わる」と誓約して「起請の神水」を飲んだことが記されている（東寺百合文書）。

要するに、「東寺が禅勝を解任しなければ、全員で耕作を放棄し逃散をしよう」と決議し、この決定に違反する者が出ないよう、一味神水を行ったわけである。これまでの研究では、「神水を飲むことによって、意思統一をはかった」こと、つまり団結を強化するために一味神水が行われたという事実のみが注目されていた。けれども、一味神水を行ったことを、わざわざ荘園領主に報告したという事実にも注意する必要があるのではないか。

先に見たように、中世人はみんながみんな、神罰を心の底から信じていたわけではない。

とはいえ、神水を飲むという行為にはそれなりのリスクが伴うと認識されていたはずで、だからこそ「身の毛がよだつ」のである。逆に言えば、神水を飲むことは、自己の主張の〝正義〟に自信があることを見せつける宣伝効果を持っているのである。よって、荘園領主に一味神水を行ったと告げるのは、自分たちの覚悟のほどを伝えるためと考えられる。

「一味神水しました」宣言

そのことがもっと明確に分かるのは、先ほど例示した荘家の一揆の二十年ほど前に太良荘で勃発した、建武《けんむ》元年（一三三四）の荘家の一揆である。後に東寺から公文に任命されて百姓たちと対立する禅勝だが、この時にはまだ百姓たちの代表であり、荘家の一揆を指導している。

　この荘家の一揆は東寺に対して百姓申状を提出し、地頭代官の脇袋《わきぶくろ》彦太郎を解任するよう要求している。この申状の末尾には「百姓等一味神水仕り、恐々言上件《きょうきょうごんじょうくだん》のごとし」とあり、一味神水した上での訴えであることが強調されている（東寺百合文書）。百姓たちの決意の強さ、結束の固さがこの一文に集約されているわけで、東寺から見れば、おどし文句以外の何物でもなかっただろう。

　さらに、この百姓申状には、ご丁寧に百姓たちが連署した起請文が紙継ぎされている。

この連署起請文は地頭代官の横暴を批判した上で、「所詮、向後《きょうこう》においては、当庄の地頭御代と見奉《みたてまつ》るべからず候」と決意表明している。すなわち、今後は脇袋氏を地頭代官とみなさないことを百姓たちが誓っているのである。

右の起請文は、一味神水に使われた起請文の写しと考えられる。起請文の正文は燃やして神水と共に飲んでしまい、案文は百姓申状に添付して庄園領主である東寺に送りつけたのである。荘民一同が一味神水したこと、一味同心していることを視覚的に表示する上で、連署起請文の現物を送ること以上に効果的な方法はないだろう。

鎌倉幕府の法廷では、民事裁判の一方当事者が、主張の正しさを証明するために自ら起請文を提出することがあった。佐藤雄基《さとうゆうき》氏はこれについて、起請文を提出するという行為自体に、自分はウソを言っていないので神罰を恐れる必要がないと幕府にアピールする意味合いがこめられていたと推理している。

荘家の一揆の連署起請文も、同じ機能を果たしていたと考えられる。代官が違法行為で百姓たちを苦しめているという我々の主張はウソいつわりのない事実であり、代官を解任すべしという我々の要求は正当なものだから、認められるまで我々は断固ストライキを続ける、ということをアピールするために、起請文を荘園領主に提出するのである。

今までの研究は、一味神水を、一揆内部をまとめるための行為としてのみ捉えてきた。

だが一味神水は、外部に対して宣伝するための行為でもあったのではないか。身も蓋もない言い方をすれば、自分たちの行動に〝ハク〟をつけるために一味神水が行われた可能性も否定できないのである。

「一揆契状」という文書

以上の議論でも触れたが、中世の日本は訴訟社会であり、裁判には証文（証拠文書）が不可欠だった。起請文《きしょうもん》は中世的な「文書主義」の流れに乗って発達したのであり、起請文を未開的な呪術意識とのみ関連づけて理解するのは正しくない。起請文の〝合理的〟利用という点を踏まえた上で、一揆と起請文との関係をさらに掘り下げて考察していきたい。

一揆を結ぶ時に作成される起請文を、日本史研究の世界では特に「一揆契状《けいじょう》」と呼ぶ。石井進《いしいすすむ》氏によれば一揆契状とは、「人々が一揆することを契約した文書で、ほとんどの場合、神仏に一揆を誓約する起請文の形式をとった上、参加者おのおのが連署を加えるのが普通である」という。

この定義にしたがえば、荘家の一揆が作成する連署起請文も一種の一揆契状と把握できるが、荘家の一揆の連署起請文においては、「一揆」という言葉が明記されている事例は少ない。一揆を結ぶための連署起請文であることがはっきり分かる文書は、武士の世界で多く見られる。そこで、武士たちが作成した一揆契状を具体的に見てみよう。実例として、「相馬《そうま》文書《もんじょ》」に収録されている一揆契状を左に掲げる。

五郡《ごぐん》一揆の事、

右の一揆では、大小の問題について、かたく相互に助け助けられるようにすべきである。公方《くぼう》の事に関しては、五郡で話し合って決定し、私《わたくし》の所務《しょむ》相論《そうろん》は、道理に則って裁定すべきである。もし、この取り決めについてウソいつわりを申したならば、八幡大菩薩《はちまんだいぼさつ》の御罰を受ける。よって契状は以上の通りである。

応永《おうえい》十七年二月晦日《みそか》（一〇名から成る傘《からかさ》連判は省略）

（五郡一揆の事、右条は、大小の事に就き、堅く相互に見継ぎ見継がれ申すべく候、公方の事に於《お》いては、五郡談合の儀を以《もっ》て沙汰《さた》致し、私の所務相論は、理非に任せ其《そ》の沙汰あるべく候、若《も》し此《この》条偽り申し候はば、八幡大菩薩の御罰を罷《まか》り蒙《こうむ》るべく候、仍《よ》って契状、件《くだん》の如し）

この史料は、応永十七年（一四一〇）、陸奥国《むつのくに》南部（現在の福島県）の岩崎・岩城《いわき》・楢《なら》葉《は》・標葉《しねは》・行方《なめかた》の五郡を拠点とする岩城・白土《しらと》・好島《よしま》・諸根《もろね》・相馬・楢葉・標葉氏ら一〇名の国人《こくじん》によって作成された一揆契状である。傍点部に見える「大小の事」における相互扶助など、武士の一揆契状によく見られる決まり文句が含まれているので、代表例として掲げた。

この史料では、「公方の事」と「私の所務相論」が、公＝対外的問題と、私＝一揆内部の問題という形で対比されている点が特に注目される。

この「所務相論」とは、所領争い、現代風に言えば土地の所有権争いである。国人など武士たちの生活は、土地からの年貢収入によって成り立っているので、近隣の国人とのトラブルのうち一番やっかいなのは「所務相論」である。「ここは私の土地だ」「何を言ってやがる、俺の土地だぞ！」といった感じだ。この問題を、武力衝突して勝った方がその所領を取る、という乱暴な方法ではなく、一揆による調停・裁定によって平和的に解決する。そうすればケガ人が出ることもない。武士たちが一揆を結ぶ大きな理由はそこにあった。

では、一方の「公方の事」とは何か。「公方」は朝廷や幕府の将軍・守護など武士たちの上部に位置する公的な権力全般を指す言葉で、文脈によって指示対象が異なる。この史料の場合は、足利《あしかが》将軍家の一門で当時、陸奥を支配していた稲村《いなむら》公方（足利満貞《みつさだ》）・篠川《ささがわ》公方（足利満直《みつただ》）のことを指すのではないかと言われている。つまり、この一揆契状は、両公方から命令を下された場合は五郡の国人たち一〇名の話し合いによって対応策を決定することを誓っているのである。

この一揆契状に限らず、武士たちが制定する一揆契状には、「公方」に関する条項が多い。「公方」に忠誠を誓うケースが一般的であり、中でも軍事的な忠誠（当時の言葉で「軍《ぐん》忠《ちゅう》」という）を誓ったものが多い。一揆契状が集中的に作成された時代は戦乱の多い南北朝時代であり、「公方」からの命令の大半は、戦争勃発に伴う出陣命令だったからである。

武士たちの一揆契状には「公方」条項が多く見えるため、武士たちの一揆＝国人一揆（五〇頁）は、幕府や守護など上部権力によって編成された組織であると説く研究者は少なくない。確かに「公方」への忠誠規約を額面通りに受け取れば、そのような理解になるだろう。しかし、本当にそれが正しい解釈なのか。この点を次項で検討していきたい。

部外者に届けられた一揆契状

大隅国《おおすみのくに》の有力国人で禰寝《ねじめ》氏という武士の家がある。江戸時代には薩摩藩に仕えた。余談であるが、禰寝氏は江戸中期になると「小松殿」、すなわち平清盛《たいらのきよもり》の長男、重盛《しげもり》の末裔《まつえい》と主張しだし、小松氏に改姓した。そして幕末に肝付尚五《きもつきなおご》郎《ろう》が小松清猷《きよもと》の養子となり家督を継ぎ、小松清廉《きよかど》を名乗った。この清廉が、西郷隆盛や大久保利通と共に幕末の薩摩藩をリードした小松帯刀《たてわき》である。

さて禰寝氏の家蔵文書「禰寝文書」の中には、南北朝期の永和《えいわ》三年（一三七七）十月に作成された「肥後《ひご》・薩摩・大隅《おおすみ》・日向《ひゅうが》国人一揆契状案」がある。この文書は、六一名もの国人の連署から成る著名な一揆契状の写しである。この一揆契状はなぜ、禰寝氏のもとに残ったのだろうか。禰寝氏も一揆のメンバーだったから、と普通は考える。だが残念ながら、この解答は不正解。この一揆契状、南九州の国人の大半を網羅しているが、禰寝氏の名前はない。つまり、この文書の作成に禰寝氏は関わっていないのだ。

では、この一揆契状案を禰寝氏に送った人物は誰か。当時、禰寝氏を自陣へと積極的に勧誘していた今川了俊《いまがわりょうしゅん》その人であると考えるのが自然である。了俊は将軍足利義満《よしみつ》から九州探題に任命され、この時期、九州の平定（九州の南朝勢力の討伐）のために奮闘していた。大隅の有力国人である禰寝氏を味方につけることは了俊にとって重要な課題であり、態度をはっきりさせない禰寝氏に対して了俊は何度も何度も書状を送っている。そのしつこさたるや、現代のセールスマン顔負けである。

興味深いことに、今川了俊は「一揆人々御中」に対して自分が書いた書状の写しまで禰寝氏に送っている（たとえば永和三年十二月十三日の今川了俊書状案）。先ほど述べたように、禰寝氏は一揆のメンバーではない。にもかかわらず、了俊は一揆宛て書状の写しをわざわざ禰寝氏に送っている。

どうして、そんなことをしたのか。これは要するに、「あなたもこの一揆に加入しませんか?」という意味で、参考のために今川了俊が禰寝氏に送ったのだと思う。とすると、一揆契状の写しも同様の意味をこめて、了俊が禰寝氏に送ったのではないか。「この一揆にはこんなに大勢の方々に加わっていただいております。あなたもいかがですか?」と。

では今川了俊はどこから、この一揆契状を入手したのか。これはもう一つしか可能性は考えられない。了俊は一揆から一揆契状を受け取り、その写しを禰寝氏に送ったのだろう。

読んでもらうことが前提

続いて一揆契状の中味を分析してみよう。書き出しは次のようなものである。

一揆契約条々

右、天下の間の事は、将軍家御方《しょうぐんけみかた》として、一味同心に忠節を致すべく候、

ここで言う「天下の間の事」とは、天下をめぐる争い、つまり南朝と北朝との争いのことである。したがって右の文は、「南北朝の動乱においては、われわれ一揆は南朝ではな

く足利将軍家＝幕府・北朝の側に属して、心を一つにして忠義をつくします」という意味だ。

こうした文章から、昔の研究では、この一揆契状は今川了俊が手取り足取り書き方を指導した結果、完成したものであり、その内容からは了俊の政治理念すら読み取ることができる、と論じられていた。当然、南九州四カ国の国人六一名を一揆として組織化したのも、天才オーガナイザー今川了俊、ということになる。

この定説を批判したのが服部英雄《はっとりひでお》氏である。服部氏は、一揆契状の文言の綿密な分析に基づき、一揆契状には一揆の主体的意志が反映されていることを明らかにした。先ほど示した書き出しに続く、第一条の条文を見てみよう。

一《ひとつ》、島津伊久《これひさ》・氏久《うじひさ》の事、降参治定《ちじよう》の上は、向後《きようこう》かの退治の事は、重ねて公方の御意を
請け、籌策《ちゆうさく》を廻《めぐら》すべく候、然《しか》りと雖《いえど》も、かの両人御方に参り候ながら、この一揆の
人々の知行分に競望《けいぼう》を成《な》し、合戦《かつせん》に及び候時は、公方の御意をも相待たず、その在所
に馳《は》せ寄り、防戦致すべく候、

現代語に訳すと「島津伊久・氏久については、彼らの降参が決まった以上、今後の島津

退治については、改めて公方（将軍を指すと思われるが、この場合、実質的には将軍の代理人である了俊を指す）の指示を受けた上で作戦を立てる。けれども、島津の両人が将軍家側につくといいながら、一揆の人々の所領を横取りしようとして、合戦になったときには、公方（了俊）の指示を待たず、すぐに戦場にかけつけて、島津氏の攻撃を防ぐべきである」といったところだろうか。

この条文の意味を理解するため、服部氏の研究によりつつ、当時の政治状況を見てみよう。島津伊久（島津総州《そうしゅう》家）・島津氏久（島津奥州《おうしゅう》家）の両名は二年前から今川了俊と敵対しており、了俊は南九州の反島津の国人たちを集めて、両島津氏と激闘を繰り広げていた。この過程で、了俊は島津氏の所領を国人たちに恩賞として与えている（島津氏側の抵抗もあるだろうから、与えられた恩賞地を国人たちが現実に支配できたかどうかは不明だが、少なくとも国人たちが支配することを了俊が認めたことは確かである）。

ところが、島津氏が幕府に降参することになった。降参といっても、島津氏は今川了俊に完敗したわけではなく、大きな戦力を依然として保持していた。だから実態としては島津氏と了俊の対等な和睦（講和）に近い。このため島津氏は「降参」にあたって、了俊方国人によって奪われた所領の返還を要求した。島津氏さえ下せば九州平定は成ったも同然であるから、了俊はこの提案をほとんど飲みかかっていた。

この今川了俊と島津氏との〝手打ち〟を許せないのが国人たちである。島津氏に所領を返還するということは、国人たちが必死で戦って獲得した恩賞地を島津に奪われるということであり、とても納得できるものではない。そこで「降参」後に島津伊久・氏久が「この一揆の人々の知行分に競望を成」して合戦に発展するという事態に備えて結成したのが、この巨大な一揆なのである。

すなわち服部氏によれば、今川了俊が自分たちを切り捨てて勝手に島津氏と単独和睦しないよう、一貫して島津氏と対立してきた国人たちが「公方」＝了俊を牽制する、というのが前述の規定の本質なのであり、了俊が文面を考えたわけではないというのである。

さらに服部氏は「一揆契状は了俊から一揆構成員に出されたものではない。契状は勿論一揆構成員相互に出されたものであるが、またある意味では了俊に対してつきつけられたものとみることもできる」（傍点は私が付した）と結論づけている。私は「ある意味」ではなく、この一揆契状は了俊に対して文字通りつきつけられたものだと思う。

この一揆契状が書かれた紙の裏側の左端には「一揆契約状神水案文」という端裏書《はしうらがき》（注釈）がある。国人たちは、この一揆契状＝起請文の正文を一味神水に使い、案文を今川了俊のところに送りつけたのだろう。だが、したたかな今川了俊は、この一揆契状を禰寝氏の勧誘に使ったのである。

要するに、国人たちは単に「一味同心」を誓うために一揆契状を制定したのではない。了俊に圧力をかける目的で一揆契状を作成、送付したのである。当然、了俊に言われてしぶしぶ作ったのではなく、国人たちが主体的に一揆契状を作成したと判断される。

以上、内容・伝来を考慮するに、この一揆契状が今川了俊に読んでもらうことを前提に作成されたことは疑いない。しかもそれは、了俊への忠誠の証として書かれたものではない。六一名にものぼる一揆参加者の多さ、島津との決戦も辞さない一揆の覚悟の強さを了俊に知らしめるため、国人たちは一揆契状を了俊に届けたのである。荘家《しょうけ》の一揆が荘園領主に連署起請文を送りつけるのと同じ図式と言えるだろう。国人一揆の場合にも、一味神水の実行や一揆の結成を外部に対して積極的に表明することがあったのである。

宣伝される集会

以上では、外に対して意識的に宣伝する一揆を見てきたが、このような宣伝性は寺院の一揆にもあてはまる。

衣川仁《きぬがわさとし》氏の研究によれば、寺社の一揆においては、実際には一部の僧侶たちの意見にすぎないにもかかわらず、「満山」の一味同心（七七頁）によるものと称して朝廷に要求をつきつけるケースが少なからず見受けられるという。つまり自分たちの要求を朝廷に認めさせるために、意識的に「一味同心」を宣伝、アピールしているのである。

こんな例もある。寛治《かんじ》六年（一〇九二）九月の山門強訴《さんもんごうそ》では、九月十一日の段階で、神《じ》人《にん》殺害事件の解決に不熱心な朝廷に激昂した大衆《だいしゅ》・神人らが大挙して下山するという噂が京都市内に流れた。この噂を耳にした京都の人々は恐れおののき、ちょっとしたパニックになった。ところが蓋を開けてみると、十八日に実際に京都にやってきたのは、わずか三〇人ほどの日吉《ひえ》神人《じにん》だけだった。彼らは関白藤原師実《ふじわらのもろざね》の居所、高陽院《かやのいん》に群参して、事件の責任者を処罰しなければ今度は大衆が参上するぞと警告した。

噂に尾ひれがつくというのはよくあることだが、この場合、どうも山門の側が朝廷を威嚇する目的で、大げさな噂を流したようだ。なぜなら、強訴は不意打ち的に行われるものではなく、寺院から朝廷に対して事前通告があるのが一般的だったからである。

たとえば長暦《ちょうりゃく》二年（一〇三八）十月の山門強訴では、二十六日に延暦寺《えんりゃくじ》から権少僧都《ごんしょうそうず》頼寿《らいじゅ》と権律師《ごんりつし》明快《みょうかい》が京都にやってきて、朝廷に要求を伝えると共に、翌二十七日に「天台《てんだい》僧徒数千人」が下山することを通告している。この時も現実に下山したのは五〇〇～六〇〇人で、延暦寺側が強訴の規模をオーバーに表現していたことが分かる。

強訴を開始する前段階の大衆僉議《だいしゅせんぎ》に関しても同様の性格が指摘できる。保元《ほうげん》三年（一一五八）六月に、やはり山門で強訴が起こりそうになった時、大衆たちを説得するため、朝廷は座主《ざす》の最雲《さいうん》やその部下である僧綱《そうごう》・已講《いこう》らを比叡山《ひえいざん》に登らせた（比叡山延暦寺のトップである天台座主《てんだいざす》は普段は京都で生活していた）。

この時の山上集会の模様を、当時の貴族の一人、平信範《たいらののぶのり》がある延暦寺僧から聞き出し、自分の日記『兵範記《ひょうはんき》』に書き残している。それによると、僧綱一九人、已講四人が延暦寺の講堂に行ったところ、五〇〇〇人もの衆徒が集まった雲霞《うんか》のような集会だったという。これも明らかに誇張表現であり、集会の規模や雰囲気を大げさに伝えることで、山門の大衆たちは一揆の力を誇示したのである。どうも寺社の強訴には、この種の水増しの〝主催者発表〟が多いようなのだ。

寺院側の対外発信という要素を考慮すると、寺院の強訴が持つ異様な迫力、人々に与える恐怖感を力説してきた従来の研究に関しても、一定の見直しが必要だろう。世俗社会は大寺社の強訴を実態以上に深刻に捉え、恐怖を感じたが、これは寺院大衆の情報戦略、宣伝戦の結果である。現代の研究者も同じワナにはまっていないだろうか。

前掲の『源平盛衰記《げんぺいじょうすいき》』の「身の毛がよだつ」一味神水をはじめ（一二一頁）、『平家物語』諸本には寺院の強訴の異常性、神秘性を強調する記述が目立つ（七八頁）。これまでの一揆研究は、そうした語りを基本的には信用して議論を組み立ててきた。

だが『平家物語』の成立には延暦寺関係者が関与していることが古くから指摘されてい

る。彼らが『平家物語』の中で誇張と脚色を交えて、強訴の神がかり的な性質、非日常性を喧伝した可能性は否定できない。当時の世俗社会の強訴イメージは寺院側の情報操作によって増幅されたものであり、鵜呑みにすべきでない。「神への変身」説は、信仰の力で彼らの結束が異常なまでに強まったと素朴に信じている点で一種の〝精神論〟だと思う。

大寺院の強訴のビジュアル・イメージを伝える絵画史料として、頻繁に引用される『天狗草紙《てんぐぞうし》』にしても、同様のことが言える。この絵巻物が、興福寺《こうふくじ》・東大寺《とうだいじ》・園城寺《おんじょうじ》など奈良・京都の諸大寺に属する僧徒たちの非常識で高慢なふるまいを天狗にたとえて風刺した作品であることに留意すべきなのだ。

要は、強訴に関する史料の多くは、必ずしも実像を正確に伝えたものではないということだ。寺院の一揆の一体感、強訴の絶対的な威力という史料から受ける印象をそのまま史実として理解することは慎むべきだろう。

徳政一揆は訴える

徳政一揆に関しては昔から、対立する二つの見解が併存している。一つは、規律のとれた抗議行動と捉える見方。もう一つは、放火や略奪の伴う無秩序な暴動と捉える見方である。

前者の規律説が根拠として掲げるのは、嘉吉《かきつ》の徳政一揆（七二頁）である。京都に襲来した徳政一揆は、九月三日～五日の三日間で京都の出入口に近い要所の寺社十六カ所を占領し、京都を完全に包囲した。外から物資が入ってこないので、大都市京都はたちまち食糧不足に陥った。このような見事な封鎖戦術は、徳政一揆が統制のとれた組織であることをうかがわせる。

徳政一揆は幕府に対して徳政令（借金の帳消し、質草の請け出し）の発布を要求し、もし徳政令を出さなければ駐屯している大寺社に火をつけると警告している。徳政一揆が大寺社にたてこもるのは、大寺社を一種の〝人質〟にするためであり、この点からも徳政一揆の高度な戦術性がうかがわれる。

また嘉吉の徳政一揆の一コマとして、九月六日の河崎の土倉と徳政一揆とのやりとりが注目される。河崎の土倉と徳政一揆が質の受け渡しについて交渉していると、「見物衆」（やじうま）が集まってきたので、土倉と一揆が協力して追い払おうとしたところ、逆ギレした「見物輩《ともがら》」が土倉に放火したという。冷静さを失って暴れたのは「見物輩」であり、徳政一揆は秩序だった行動を見せている。

さらに九月十二日の幕府徳政令発布に至るまでの経緯も興味深い。幕府は徳政一揆の要求に屈して徳政令を発布することになった。はじめは土民だけを対象に徳政を認めようとしたが、一揆がこれに反対した。いわく、「私たち土民には大きな債務はないし、質に入れている物も大した物ではない。公家・武家の人々が借金で苦しんでいるのを気の毒に思ったから、徳政一揆を起こしたのである。公家や武家に対しても徳政を認めてあげてほしい」と。

この話を聞いた当時の貴族、万里小路時房《までのこうじときふさ》は自分の日記『建内記《けんないき》』に、一揆は後日の処罰を恐れて身分の上下を問わない一律の徳政令を要求したのだろう、と記している。一揆の要求を素直に聞き入れたフリをして、一揆が解散した後、手のひらを返して弾圧するというのは権力者の常套手段である。そうした危険性を予想した土民たちは、公家や武家を味方につけておこうと考えたのである。このような巧みな駆け引き、優れた戦略眼からは、高度に統制のとれた抗議運動という印象を受ける。

寛正《かんしょう》六年（一四六五）の徳政一揆に関しても注目すべき一幕がある。西岡で蜂起した徳政一揆は十一月十日に東寺を占拠する。ちなみに東寺は京都の南の玄関口にあたる場所に建っているため、徳政一揆が勃発する度に一揆に占領されてしまう気の毒なお寺である。

徳政一揆は東寺に対して「幕府軍に協力したら放火する」とおどす一方で、「我々は境内では決して略奪や破壊活動を行わない。万一そのようなことをする者がいたら、寺からの報告を受け次第、厳しく処罰する」と寺内の治安維持を約束している（「廿一口供僧方評定引付」)。一揆の内部統制が厳格なものであったことが分かる。

とはいえ、徳政一揆関係の史料を読んでいると、幕府軍との市街戦や放火、略奪といった一揆の凶暴性を感じさせる事例に事欠かない。規律派は放火や略奪は不測の逸脱であり、本来の徳政一揆は統制ある行動をとっていた、と主張するが、いかにも苦しい。

また第四章で紹介したように、近年は飢饉と徳政一揆との関連性が重視されている(一〇五頁)。最新の研究を踏まえると、徳政一揆には「飢餓暴動的な蜂起」の側面があると言わざるを得ない。徳政一揆の秩序と規律のみを強調しては片手落ちになってしまう。

そもそも「規律正しい交渉」の要素と、「放火、略奪などの暴力行為」の要素とは、二者択一的なものなのだろうか。かえって、両者が矛盾することなく併存している点にこそ、徳政一揆の特質があると思う。

暴力に訴えるのも「訴訟」のうち

現代人の感覚では、平和的な話し合いと、武力行使によるゴリ押しは、正反対の交渉スタイルに思える。民衆運動に関するネット上の意見を眺めていても、平和的な抗議活動を評価する一方、略奪や放火、警官との武力衝突など暴力を伴う反政府運動には批判的な人が少なくない。さらに言えば、自由民権運動家も両者を区別した上で、竹槍一揆を否定したのである（二八頁）。

だが三権分立を基盤とする法治国家が成立する以前の前近代社会においては、この区別は自明のものではない。司法制度が不十分なので、侵害された自らの権利を回復するためには、実力に訴えるしかないのである。もちろん「力こそ正義」というわけではないが、法だけで問題を解決することはできない。したがって実力行使がゼロの、完全に平和的な訴えや交渉というのは、まずあり得ないのだ。

たとえば第一章で論じた百姓一揆の場合、幕府や藩に対して訴状を提出する一方で、米屋や村役人・豪農宅を打ちこわして回るというスタイルが一般的である（三二頁）。訴願と実力行使が渾然一体となっている点が百姓一揆などの「強訴」の特徴であり、平和的／暴力的という二分法では理解することができない。

徳政一揆に関しても、同種のことが言える。神田千里《かんだちさと》氏によれば、徳政一揆とは単なる武装蜂起ではなく「徳政令を求めて幕府に訴訟する」という側面を持つという。実際、徳政一揆に加わっている武士が、一揆の要求を幕府に取り次ぐ役割を担う場合もあるのだ。誤解を恐れずに言えば、これは弁護人的役割であろう。

神田氏は「一揆の武力蜂起が、そもそも徳政令を発布するよう幕府へ働きかける手段であり、幕府の権威や権力を攻撃するためのものではない」と指摘している。徳政一揆が土倉の傭兵《ようへい》や幕府軍と戦うのは、革命を起こすためではなく、軍事的勝利を得ることで幕府への訴訟において優位に立つためである。

幕府側も徳政一揆の鎮圧にさほど熱心だったようには見えない。嘉吉の徳政一揆の際には、土倉が幕府に賄賂を差し出し徳政一揆の鎮圧を願い出た。管領《かんれい》の細川持之《ほそかわもちゆき》はいったん了解したものの、諸大名の同意が得られず、持之は賄賂を土倉に返している。

徳政一揆、土倉という双方からの訴えを天秤にかけて、どちらを支持すべきか損得勘定をしているというのが幕府の実情であった。徳政一揆を原告、土倉を被告、幕府を裁判所とみなせば、三者の関係がよく分かるだろう。賄賂やら合戦やら、法と証拠に基づいて判決を下す現代の裁判とは相容《い》れない要素が盛りだくさんだが、中世社会においては、このような裁定方式がむしろ一般的だったのである。

また酒井紀美《さかいきみ》氏によれば、徳政一揆との戦いにおいて、幕府軍は基本的に鴨川を防衛ラインに設定していた。そして、この防衛線を徳政一揆に突破され洛中に侵入された場合、幕府軍は一揆排除のための軍事行動を控えてしまうというのだ。いわば、徳政一揆の〝勝利〟をあっさりと認めてしまうのである。ラインを割ったら負け、といったところか。

徳政一揆は幕府を転覆させる意思を持たず、幕府も徳政一揆を徹底的に弾圧しようとしない。武力行使を伴いつつも、ある程度の自制がはたらいているのであり、暗黙のルールの下で、あたかも試合のように勝負しているのである。その意味で、徳政一揆は中世社会においては一種の「訴訟」である。つまりは強訴なのである（五九頁）。

従来の研究は、徳政一揆を中世民衆運動の輝かしい達成として高く評価してきた。だが規模や暴力性において違いはあるものの、徳政一揆は大寺社の強訴や荘家の一揆と本質的には変わらない。やはり権力側との〝なれ合い〟が見てとれるのである。

「強訴」としての山城国一揆

教科書にも載っている「山城《やましろ》の国一揆」は多くの人が知っていると思うが、念のため、大まかに解説しておこう。応仁《おうにん》の乱の一因は有力守護畠山《はたけやま》氏の家督争いにあり、畠山義《よし》就《ひろ》と畠山政長《まさなが》は、それぞれ西軍と東軍に分かれて戦った。文明《ぶんめい》九年（一四七七）に応仁の乱が終結した後も両畠山の争いは続いた。

文明十年、山城守護に任命された畠山政長は強力な支配を展開しようとするが、これに反発した畠山義就が河内国《かわちのくに》（現在の大阪府の東部周辺）から南山城に侵攻した。両畠山が延々と戦いを繰り広げる中で南山城の武士や農民は疲弊していった。

文明十七年、南山城の国人たちが宇治《うじ》の平等院《びょうどういん》で「集会《しゅうえ》」を開いた。そして集会での決議に基づき、両畠山軍に対し南山城からの撤兵を要求した。両軍は撤退し、翌年には国人たちが「国中掟法」を制定する。南山城では「国中三十六人衆」による自治が行われるようになった。この体制は明応《めいおう》二年（一四九三）まで継続した。

この山城国一揆は戦前から有名で、明治四十五年（一九一二）二月に三浦周行《みうらひろゆき》という歴史学者がこの一揆を題材に「戦国時代の国民議会」という論文を書いている。三浦はこの一揆運動を「平民階級の覚醒」という観点から高く評価し、「一大革命」とまで言っている。

戦後も山城国一揆を「自治共和国」として賛美する傾向が続いたが、一九八〇年代以降は、山城国一揆は国人たちの自発的な運動ではなく、幕府の実力者である細川政元《まさもと》が背後から操っていた、という見解が一定の支持を集めた。この細川政元黒幕説に対しては批判もあり、私も賛成できないが、山城国一揆の独立性・革命性を過大評価してきた古典学説に問題があることは確かである。この問題について少し検討してみたい。

山城の国人たちが両畠山の軍勢を退陣させて自治を実現したことについて、尋尊《じんそん》（四九頁参照）は「国衆より両陣ニ問答厳密、迷惑せしむとうんぬん」「右衛門佐（畠山義就）方書状、自今《じこん》以後手を入れるべからざるの由の書状」「山城の事、両屋形（義就・政長）去状これを出す、国人等悉《ことごと》く皆成敗の事なり」と記述している（『大乗院寺社雑事記《だいじょういんじしゃぞうじき》』）。ここに見える「去状《さりじょう》」とは、自分の権利を放棄することを宣言する文書様式のことである。具体的には「自今以後手を入れるべからざるの由」、すなわち今後は介入しないという内容の書状を指す。したがって畠山義就・政長の両名は、山城国に対する自分たちの支配権を放棄し、山城国人の「成敗」、つまり自治を認めたということになる。

そして入間田宣夫《いるまだのぶお》氏が推測するように、「国衆」と「両陣」（義就軍・政長軍）の「問答」（要求と返答）の結果、「両屋形」（義就・政長）が「去状」を発給している以上、「問答」の最初に国人たちが両畠山の陣営に対し「申状」を提出している可能性が高い。つまり「国一揆」の本質は、国人たちが上部権力に対して集団的意志を「申状」によって伝えるという行動様式の中に表現されているのである。交渉戦術のツールという点で、山城国衆の「申状」は荘家の一揆の百姓申状（一三一頁）に通底する性格を持っていると言えるだろう。実は山城国一揆は革命ではなく「強訴」だったのであり、両畠山という上部権力を打倒、否定する意思を持たなかった。

国人たちのパフォーマンス

ところで、国人たちの「申状」はどのような文書様式だったのだろうか。この問題に関して参考になるのが、時代は大きく異なるが、南北朝期の伊賀国《いがのくに》（現在の三重県西部）悪党の守護交替要求運動である。貞和《じょうわ》三年（一三四七）、東大寺領などに対して悪党行為を繰り返してきた伊賀国の御家人たちは、前年から伊賀守護として管国内の悪党鎮圧を進めてきた仁木《にき》義長《よしなが》の解任を幕府に要求した。彼らは国中からかき集めた金を幕府執事・高師《こうのもろ》直《なお》に支払う(要は賄賂である)ことで要求の実現を図ったが、それだけではなく「公方の列訴数百人に及ぶ」という示威行為も併用した(東大寺文書)。東大寺は悪党の行為を「凶徒連署の奸訴《かんそ》」と非難しているので、この列参強訴に際して「連署」の「申状」が幕府に提出されたと推定できる。

右の事例を踏まえると、一揆による申状は基本的にメンバー全員が署名する連署形式だったと考えられる。山城国一揆が両軍を撤退させることに成功した最大の要因は、「承引《しょういん》致さざる方においては、国衆として相責《あいせ》むべし」、すなわち撤兵しない側を攻撃するという宣言にあった。こうした武力発動の可能性をも示唆する集団的圧力を視覚的に明示するものが、国人たちの「連判」の「申状」だったと推定される。

そのように考えていくと、両軍に対する撤兵要求を決議した、宇治平等院における国人たちの集会そのものが、デモンストレーション的性格を持っていた可能性が想定される。奈良在住の尋尊が、山城国衆の動静や集会の決議内容について詳しい情報を得ていることからも分かるように、国人たちが一カ所に集結して「一味同心」するという行動は非常に人目につく。否、むしろ目立つようにやっていると言うべきだろう。大勢の武士が地域の有名な寺社に集まり、決起集会を開くことじたいが、一種のパフォーマンスなのである。

こうした示威行為は、その後の「強訴」を有利に展開する上で重要な作戦である。今まで見てきたように、強訴を行う場合には、その前提となる一揆結成の段階から、絆の強さが外部に対して宣伝される。強訴とは、結局、ある種の脅迫によって自分たちの要求を強引に通そうとする行為であるから、一揆の実力を現実のもの以上に膨らませて交渉相手に見せつけることが、時に実際の武力行使よりも大きな意味を持つからである。

日本人が最も苦手とする戦いが心理戦、情報戦だということはよく指摘される。ところが、一揆を結び強訴を行った中世人たちは、宣伝によって一揆の力をより大きく見せ、外部の人間に恐怖を感じさせる術《すべ》に長けていた。「神への誓約によって強固に結びつけられた、現代の「人のつながり」とは全く異質の集団」と評価する現代の日本史研究者は、実のところ、中世人の宣伝に引っかかっているのかもしれない。

反守護一揆の特徴

このように様々な一揆を通覧してみると、従来は「強訴」と考えられてこなかった一揆の中にも、「強訴」的性質を持つものが多く存在していることが了解される。

これまでの研究では、中世の強訴といえば神仏の威力を背景にした大寺社の強訴のイメージが強かったので、宗教色の薄い一揆を積極的に「強訴」とみなすことはあまりなかった。しかし強訴が持つとされる神秘性の少なからぬ部分が宣伝によって作られた虚構のものだとすると、強訴イコール神威を借りた訴訟という等式はもはや成り立たない。よって、神がかった雰囲気のない一揆に関しても、「強訴」の可能性を探る必要があるだろう。

この点で注目したいのが、室町期にしばしば見られた反守護の国人一揆である。代表的なのが、応永《おうえい》十一年（一四〇四）、新任の守護である山名満氏《やまなみつうじ》の暴政に反発した安芸国《あきのくに》（現在の広島県西部）の国人三三名によって結成された国人一揆である。ちなみに百姓一揆の場合も、姫路《ひめじ》藩寛延《かんえん》一揆（三三頁）のように、転封《てんぽう》によってヨソから移ってきた新藩主の改革（改悪？）政治への不満から一揆が発生するパターンがまま見られる。

この安芸国人一揆は一揆契状を残しているが、そこでは守護の横暴に対して一致団結して抵抗することが説かれる一方で、反幕府運動でないことが強調されている（毛利家文書）。岸田裕之《きしだひろし》氏はさらに踏み込んで、守護の権限を一揆衆が肩代わりすること、すなわち将軍と一揆との間に存在する守護という役職をなくして、幕府と直結しようとする姿勢すら見てとれると論じている。

守護軍と一揆軍との戦いの末、応永十三年に山名満氏は罷免されて帰京、新たに山名熙《ひろ》重《しげ》が守護に就任した。一揆の中心メンバーは起請文を提出して幕府に降参し、幕府は彼らを赦免した。まあ痛み分けといったところだが、守護の罷免を勝ち取ったという点では一揆の要求はある程度達成されたと見てよいだろう。なお岸田氏は幕府直結＝守護廃止という希望がかなわなかったことから一揆の敗北と見るが、交渉戦術上〝高め〟の要求を出しただけの話で、本当に実現するとは一揆自身、思っていなかったのではないか。

信濃国《しなののくに》（現在の長野県）で起こった大塔《おおとう》合戦も反守護の国人一揆として有名である。応永六年、小笠原長秀《おがさわらながひで》が斯波義将《しばよしゆき》に代わって信濃守護になると（ただし実際に信濃に入ったのは応永七年七月）、国人たちから重い年貢を取り立てる〝増税路線〟を推し進めた。すると、有力国人である村上満信《むらかみみつのぶ》や佐久《さく》三家（禰津《ねづ》・望月《もちづき》・海野《うんの》）、大文字《だいもんじ》一揆などが大同団結して「国一揆」を結成、長秀が国内各地に派遣していた使節（これを「守護使《しゆごし》」という）を追放したり打ち殺したりした。

そして応永七年九月三日、村上満信がついに挙兵、これに信濃国中の国人が呼応した。興味をひかれるのが、この村上満信の行為が当時の史料で「嗷訴《ごうそ》を張行《ちようぎよう》（強行）」と表現されていることである（市河文書）。満信の明白な軍事行動は幕府に対する「嗷訴」と理解されたのである。

小笠原長秀に従う信濃国人の数は少なく、予想を上回る一揆軍の規模に驚いた長秀は塩崎城に入って援軍を待つことにした。しかし塩崎城への移動途中で一揆軍の攻撃を受け、守護軍は二分されてしまった。長秀とその手勢は何とか塩崎城に駆け込んだが、一揆軍に行く手をふさがれた一隊はやむなく大塔の古要害に逃げ込んだ。大塔にたてこもった部隊は一揆軍に包囲され、全滅の悲劇にあった。さらに長秀が逃げ込んだ塩崎城も猛烈な攻撃を受け、風前の灯となった。そこで形勢を傍観していた小笠原一族の大井《おおい》光矩《みつのり》が仲裁に入り、一揆軍を撤退させた上で長秀に開城させた。長秀は京都に逃げ帰った（『大塔物語』）。

守護を追い払った村上満信や大文字一揆の人々は「一同連署」の「目安《めやす》状」（申状）を幕府に提出した。その内容は、守護小笠原長秀が悪政を行うので嘆願したところ、はからずも合戦になってしまった、幕府を軽んじているわけではなく、新たにクリーンな「御代官」を派遣してくれれば忠実に仕える、といったものだった（ちなみにこの申状には神文もついている）。この「目安状」は悪代官の罷免を訴える百姓申状と同じ機能を果たしていると言えよう。まさに「嗷訴」である。

守護軍に完勝した一揆の巨大な軍事力にプレッシャーを感じた幕府は一揆の要求を飲み、応永八年、小笠原長秀を解任し、斯波義将を信濃守護に復帰させた。ここから分かるように、一揆の反守護の姿勢は反幕府、反体制を意味しない。逆に、幕府への忠誠をことさらに強調するところに反守護国人一揆の特徴がある。

等身大のしたたかさ

こうした反守護の国人一揆は基本的に、幕府に対して守護の更迭を要求する形をとる。この構図、どこかで見覚えがないだろうか。そう、大寺社の強訴や荘家の一揆と同じなのである。加えて、武力行使とセットになった訴願、幕府から有利な裁定を勝ち取るために原告が被告を直接武力でたたく特殊な「訴訟」という意味では徳政一揆と共通している。

これまでの研究では、反守護の国人一揆を「上級権力からの自立の動き」として評価する傾向が強かった。上級権力に忠誠を尽くしているように見えても、それは面従腹背であり、一揆は幕府にとって「獅子身中の虫」であるという。しかし、そうした見方は、一揆イコール反権力、反体制という「階級闘争史観」的な思いこみにすぎないのではないか。寺院大衆の一揆が朝廷にとって「獅子身中の虫」だとか、山門の嗷訴が反体制的行動だとか言う人はいない。なのに、どうして話が国人一揆や徳政一揆になると、同じ「強訴」であるにもかかわらず、反体制運動ということになってしまうのか。全くもって不思議である。

既に述べたように、一揆は体制の存続を肯定し、体制内での地位向上、待遇改善を目指し、権力者に対して強訴を行うのである。お百姓さんが非武装平和主義を貫いた江戸時代の百姓一揆は、労使協調を前提とした「春闘」のようなもの、という皮肉たっぷりの意見があるが、実は中世の一揆にも武装型「春闘」とでも評すべきものが少なくないのである。

確かに武家政権の社会秩序維持機能が江戸時代に比べると弱い中世においては、「自分の身は自分で守る」という意識が強いため、百姓一揆よりも過激な一揆が多い。けれども、革命というよりも権力者に対する陳情であるという本質論で考えた場合、中世の一揆に関しても、「階級闘争」と評価できるものは存在しない。

現代の事件にたとえると、チュニジアの「ジャスミン革命」(二〇一〇年十二月~二〇一一年一月)ではなく、村で悪政を敷く地元の共産党幹部たち=悪代官を、村民の自治組織が実力で追放し、広東省共産党委書記=殿様の汪洋《おうよう》が慈悲深くもこれを追認した、中国の「烏《う》坎《かん》蜂起」(二〇一一年十二月)に近いと言えるだろう。

だから中世の一揆なんて大したことないんだ、と言いたいわけではない。そうではなくて、革命至上主義的な発想を捨てて、等身大の一揆のしたたかさを正当に評価すべきだ、というのが私の考えである。

以上、本章では主に外向けの宣伝を行う強訴型の一揆について論じてきたが、全ての一揆がこのような性格を持っているわけではない。もう一つ、注目すべき形態の一揆が存在するのである。私は、フェイスブックなど現代のソーシャル・ネットワーキング・サービス（ＳＮＳ）の歴史的意義を考察する上でも、この別タイプの一揆に着目する必要があると考えている。その具体的な検討は次章に譲ることとしよう。

第Ⅲ部　一揆の実像

第七章

「人のつながり」は一対一から

国人一揆と百姓

前章では、国人《こくじん》一揆が幕府などの上部権力によって編成されたとする学説に対し、両者の関係を「強訴《ごうそ》」と見た方が実態に即していることを論じた。ところが、国人一揆を上部権力との関係から捉えようとする見方がそもそもおかしいのだ、という意見もある。

その代表的論者であった佐藤和彦《さとうかずひこ》氏は、農民たちによる階級闘争、つまり農民闘争を抑圧するために領主階級が結成した「暴力装置」こそが国人一揆の本質である、と説いた。すなわち国人一揆は、室町幕府や守護といった〝上〟からの編成によって成立したのではなく、農民たちの〝下〟からのつきあげに対抗することを目的に誕生したというのだ。

佐藤氏が自説の根拠として掲げたのが、松浦《まつら》一族による一揆契状《けいじょう》である。松浦一族とは、九州の西北端、「日本の多島海」と称される現長崎県、さらに佐賀県の西北部をも含む松《まつ》浦《ら》地域を勢力圏とする武士たちのことである。彼らは南北朝時代、多くの一揆契状を作成した。たとえば永徳《えいとく》四年（一三八四）に作成された一揆契状の第四条には次のようにある（山代《やましろ》文書）。

土民・百姓らが地頭に年貢を納めないまま逃亡、あるいは正当な理由がないのに逃亡したら、この一揆のメンバーはお互いに彼らを受け入れてはならない。

（地頭得分《とくぶん》の負物《ふもつ》を抑留せしめ、或いは故《ゆえ》なくして逃散《ちようさん》せしむる土民・百姓等の事、相互に領内に扶持《ふち》し置くべからず）

中世においては、百姓が地頭に対して納めるべき年貢を納めない場合、未納分は百姓の地頭に対する債務とみなされた。したがって年貢未納のまま別のところに逃亡することは、借金の踏み倒しと同じであり、違法行為である。地頭である松浦の武士たちは、こういう〝犯罪者〟を互いにかくまわないよう、一揆契状で申し合わせたのである。

逆に言えば、この規定が成立するまでは、よそから逃げてきた土民・百姓を地頭が受け入れてしまい、逃亡元の地頭から「うちの百姓を返せ」と怒鳴り込まれてトラブルになる、という事態がしばしばあったと考えられる。逃亡先の地頭にとっては、新しい労働力が手に入るのでお得だが、百姓に米銭を貸している地頭にしてみれば、借金を踏み倒され夜逃げされては丸損である。双方の利害が衝突し、ケンカになる。これを回避するために、一揆メンバー間ではお互いに逃亡百姓をかくまうのはやめましょうね、と取り決めたわけだ。こういうルールを専門用語で「人返法《ひとがえしほう》」と呼ぶ。

佐藤氏らは、百姓の逃亡を領主権力に対する抵抗運動＝農民闘争の一種と位置づけ、これを「人返法」によって抑止することが国人一揆の最大の目的であると考えた。要するに人返法を、農民の移動の自由を否定し特定の土地に縛り付けるため、やっとこさ逃げてきた農民を無情にも強制送還する「農民緊縛規定」と理解しているのだ。「農民緊縛規定」と言われてもイメージしにくいかもしれないが、生活苦から中国に逃れてきた脱北者を北朝鮮に送還する中朝間の協定を思い浮かべると少しは理解しやすいだろうか。

ただ、この説には一つ、弱点がある。確かに、百姓が逃げ出し、その帰属をめぐって武士たちの間で争いが起こる、という社会現象は鎌倉時代から見られる。鎌倉幕府が九州に設置した行政・裁判機関である鎮西探題《ちんぜいたんだい》に人返関係の訴訟が持ち込まれることもあった。けれども、南北朝期の武士たちが作成した多数の一揆契状の中で、人返法が盛り込まれているものは松浦地域でしか見られないのである（時代が下ると、他地域でも散見される）。

むろん、現代にまで伝わった南北朝期の史料は全体のごくごく一部であるから、「他の地域でも武士たちの間で人返法が盛んに制定されたが、それが古文書という形では残らなかった（紛失・廃棄などによって、この世から消えてしまった）」という可能性はある。だが、そのように強弁するのは、さすがに無理がある。残された史料を素直に解釈すれば、南北朝期の国人一揆において人返法の制定は一般的ではなかった、という結論になるはずだ。

では、なぜ松浦一族の一揆だけが、南北朝期というきわめて早い時期に人返法を制定したのだろうか。

松浦一揆と海民

歴史を研究する上でしばしば悩みの種となるのが、昔の法令の評価である。ある行為を禁止する法があったとする。その事実は、その行為を禁止することができる法の制定者の強い権力を示しているのだろうか。それとも、わざわざ禁止命令を出さなければならないほど、当該時期・当該地域ではその行為が横行していたことを表しているのだろうか。前者が正しいか、後者が正しいかは、ケース・バイ・ケースであり、法令の条文だけを眺めていても、この疑問は解決しないことが多い。

南北朝期の松浦地域の国人一揆は前者か、後者か。松浦一揆のメンバーである武士たちは、全国的な基準から見ると、有力武士とは言えない。むしろ小規模な武士だろう。石井《いしい》進《すすむ》氏も「小武士団連盟」と評している。松浦一揆が非常に強力な一揆だったので、人返法によって百姓をがっちりと統制できたのだ、という推定は成り立ちがたい。

となると、後者の可能性が高いのではないか。ここで注目したいのが、松浦地方の漁業地域としての特殊性である。実際に行ってみると分かるが、この地域は天然の良港が多く、五島列島や北松浦半島では漁業や塩業が人々の生活を支える産業で、農業は補助的なものにすぎなかった。中世、松浦一揆じたい、漁場をめぐる武士たちの争いを解決するために成立した、という説があるほどである。

だから、佐藤氏らが、松浦の一揆契状に見える「百姓」を「農民」と現代語訳したのが、そもそもの誤りだろう。映画『もののけ姫』の世界観にも影響を与えた日本中世史学界のスーパースター、網野《あみの》善彦《よしひこ》氏の名言を借りるならば、「百姓は農民ではない」のである。松浦の史料に出てくる「百姓」は「海民」、すなわち漁業や海運によって生計を立てている人たちである。そして海民には定住という発想はなく、むしろ船による移動・遍歴が生活の基本だった。

百姓の「逃亡」の実態

海民は生活のため、日頃から船で島々を往来していた。あくまで一般論ではあるが、漁師は農民よりもフットワークが軽いのである。松浦のような海を基盤とした社会の場合、一般の農業社会よりも流動性が高く、百姓の「逃亡」＝移動が激しかったと思われる。

たとえば対馬では、日常的に朝鮮半島南岸の海域にまで出漁していたため、島民がそのまま朝鮮半島に移住してしまうことも少なくなかった。対馬守護である宗貞茂《そうさだしげ》は、人口流出問題に頭を悩ませ、朝鮮王朝に対して対馬島民の送還を頻繁に要請している。

島民の逃亡先は朝鮮だけではない。壱岐に逃亡した百姓を一四〇四年に宗貞茂が取り戻したという事例も確認されている。船がある以上、逃亡はたやすいことだったのである。

というより、そもそも彼らに「やむにやまれぬ、命懸けの逃亡」という意識があったかどうか。旧来の「農民闘争史観」の影響からか、百姓の逃亡と言うと、領主の圧制に耐えかねて、先祖代々慣れ親しんだ土地を捨てて、後ろ髪を引かれる思いで涙の逃避行、と歴史研究者は考えがちだ。しかし漁民たちの「逃亡」には、よりよい労働条件を求めて勤務先を変えるという側面もあったはずである。

五島列島が古代より日中間航路の寄港地であり、十二世紀以降は倭寇勢力の根拠地であったことを考えれば、松浦地域も対馬と同様の事情を想定できよう。実際、この地域では鎌倉期、百姓たちが別の島に逃げた事例が見られる。そうした状況は当然、南北朝期にも継続しただろう。松浦一揆の「人返」協定は、そのような社会に対応したものだったのではないだろうか。

このように考えていくと、やはり松浦の一揆契状は、南北朝期の一揆契状においては例外的な存在だったと見るべきである。南北朝期の一揆契状においては、百姓を統制する規定は一般的には存在しなかった。したがって、南北朝期に成立した国人一揆の目的を、農民闘争の弾圧に求めることはできない。この時代の国人一揆をあまりパワフルな存在と考えない方がよいだろう。

「自治共和国」という幻想

人返問題をそれほど重視しない研究者であっても、強盗や放火を取り締まる規定が一揆契状に見られることなどを理由に、国人一揆を地域社会の治安を維持する存在として高く評価することが多い。一九七〇年代に石井進氏が国人一揆の一揆契状を「在地領主法《ざいちりょうしゅほう》」の一種と把握して以来、この見解が学界の主流になっている。国人一揆は、幕府の法とは異なる地域社会独自の法秩序を形成していた、というのだ。小林一岳《こばやしかずたけ》氏にいたっては、国人一揆を「国家をも相対化しうる〝自律的〟な在地の社会集団」と評している。意味がよく分からないけど、なんだか凄そうだ。こうした議論は、国家・中央の法と在地の法を対極に配置しているのだろう。

この「在地領主法」概念は、つまるところ、国家権力の苛酷な支配と決別した「自治共和国」的なイメージを基盤にしている。もちろん石井氏らの考えは、それ以前のマルクス主義歴史学のように、一揆をストレートに「反権力」と規定するほど単純なものではない。だが石井説もなお、革命バンザイの階級闘争史観の感覚を引きずっていると思う。「反権力」ならぬ「脱権力」とでも言うべきだろうか。

国人一揆が「脱権力」どころか権力と取引していたことは既に述べたが、そもそも国人一揆は、「地域社会の平和を守る集団」などという御大層なものなのだろうか。そういう国人一揆も、中にはあっただろうが、全ての国人一揆を公共的な存在と評価することには疑問がある。国人一揆の自立性を強調する研究者の議論を聴いていると、立派な法を制定して、地域社会を統治していなければ国人一揆ではない、と言わんばかりである。けれども、それは色眼鏡で見た国人一揆像であり、現実の国人一揆とは異なる。

従来の研究は、松浦一族の一揆契状のような個性的な一揆契状に関心を集中させ、その分析結果に基づいて「自治共和国」的なイメージを紡ぎ出していった。その一方で、それ以外の圧倒的多数の平凡な一揆契状を軽視してきたように感じられる。いわば突出した〝スター〟の事例で全体を語ってしまったのである。本章では、これまで松浦という〝スター〟の陰に隠れがちだった〝その他大勢〟の一揆契状について検討していきたい。

二人でも一揆

かつてファミリーコンピュータ（ファミコン）のソフトで「いっき」というゲームがあった（一九八五年発売、サン電子）。元はアーケードゲームで、近年はレトロゲームブームに乗ってケータイなどでも配信されているらしい。

内容は、百姓一揆をパロディ化したアクションゲームで、農民の「ごんべ（権兵衛）」を操作し、悪代官の屋敷まで殴りこみにいくというもの。二人協力プレイも可能で、二人目のプレイヤーは「たご（田吾）」を操作する。

このゲームに関しては、「一揆は一人や二人でするものではない」と揶揄する声がある。しかし、一人の一揆はさすがにないが、二人で結ぶ一揆は実は存在する。

たとえば仙台藩伊達《だて》家の家蔵文書、「伊達家文書」には次のような文書がある。

余目三河守《あまるめみかわのかみ》殿と政宗《まさむね》が一揆同心する事について。

右、今後は、大小の問題を助け助けられるようにすべきである。公方《くぼう》の事に関しては、将軍のお考えにしたがって話し合うべきである。次に所務相論以下の私的な確執については、一揆中で相談して解決すべきである。もし、この取り決めについてウソいつわりを申したならば、日本国中の大小の神様、特に八幡大菩薩《はちまんだいぼさつ》の御罰を受ける。よって一揆契状は以上の通りである。

永和《えいわ》三年十月十日　兵部権少輔《ひょうぶごんのしょうゆう》政宗（花押）

（余目三河守殿、政宗と一揆同心の事、右、向後に於いては、大小の事を見継ぎ見継がれ申すべく候、公方の事に於いては、時儀《じぎ》に依り申し談ずべく候、次に所務相論以下私の確執に於いては、一揆中申し談じ候、沙汰《さた》致すべく候、若《も》し此《この》条偽り申し候はば、日本国中大少神祇《じんぎ》、別しては八幡大菩薩の御罰を罷《まか》り蒙《こうむ》るべく候、仍《よ》って一揆契状、件《くだん》の如《ごと》し）

この文書は永和三年（一三七七）、伊達政宗が余目三河守（持家《もちいえ》）に宛てて書いた「一揆契状」である。ちなみに、この伊達政宗は、有名な独眼竜政宗のことではなく、その御先祖様である。武士の世界では、偉大な先祖と同じ名前を名乗るケースはまま見られる。

前章冒頭で掲げた五郡一揆契状と比較すると、文章構成、規約内容、文体もそっくりで、これが一揆契状であることは疑いない。ただし、五郡一揆契状が参加者一〇名の連署によって成立しているのに対し、この伊達政宗一揆契状は、伊達政宗から余目持家に送られたものである。つまり伊達政宗と余目持家の二人だけの一揆である。

こうした一揆に対して「一対一の同盟関係は本来一揆とはいえない」という意見もある。

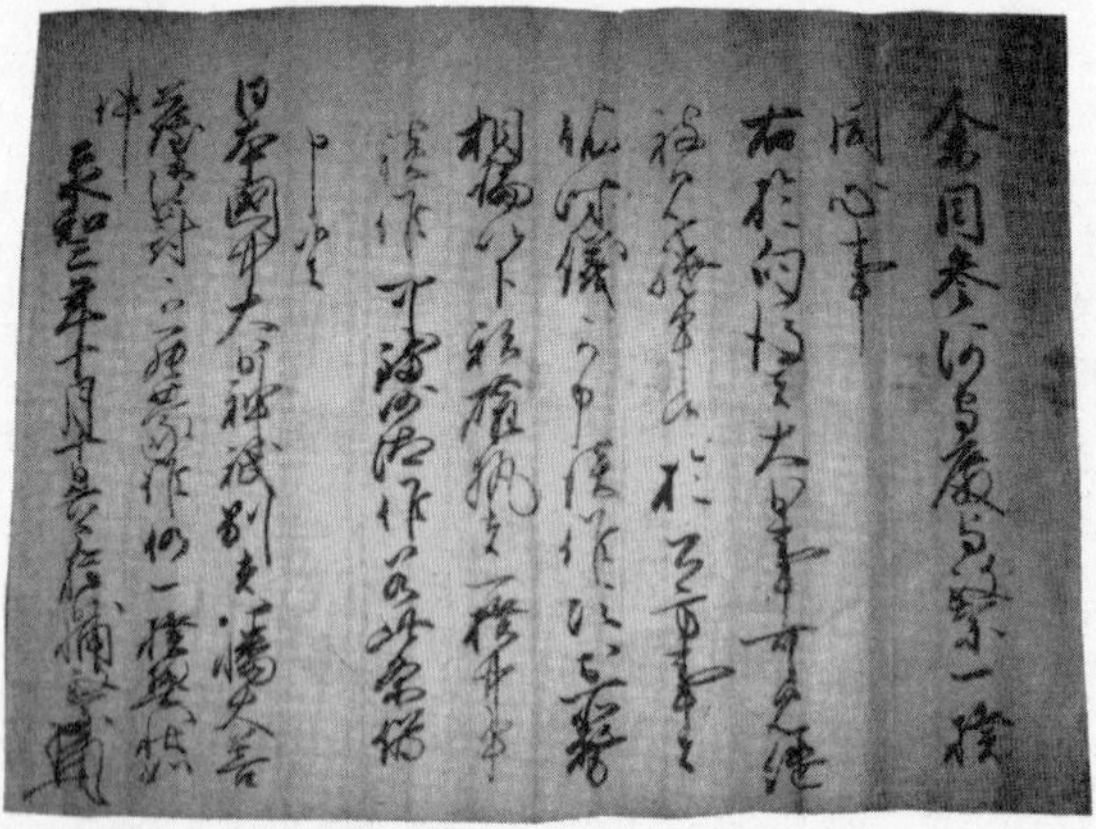

伊達家中興の祖・伊達政宗（大膳大夫）の一揆契状　永和３年（1377）
仙台市博物館所蔵伊達家文書

だが「一対一」型の国人一揆は、南北朝時代から戦国時代に至るまで多く見られるのであって、これらを例外として無視することはできない。むしろ、先入観から「大規模な集団でなければ一揆ではない」と決めつけてきた研究史を問い直すべきではないだろうか。

一揆の核心である「一味同心」について、歴史研究者は大げさに考えすぎてきたように思う。「一味神水《しんすい》」という神秘的な儀式を経て神と一体化した大集団の、「死なば諸共《もろとも》」という強烈な一体感、みたいな感じに。もちろん、そういう熱狂的な「一味同心」もあるが、それは権力に要求をつきつける、つまり強訴する上で必要なメンタリティであって、狂信的な連帯感が一揆に不可欠な要素だとまでは言えない。しかも、それとて、宣伝のためにワイルドなイメージが増幅された一種の虚像であり、実態からかけ離れている。本当に一揆参加者全員が異常な興奮状態にあったかどうか、疑ってかからなければならない。

まして、全ての一揆が「強訴」を目的としているわけでない以上、もっとノーマルでソフトな「一味同心」があっても不思議ではない。複数の人間が心を一つにして共に行動することに一揆の本質があるとしたら、二人でも一揆は十分に成立し得る。伊達政宗一揆契状に見えるように、「大きな問題でも小さな問題でもお互いに助け合う」という絆こそが「一味同心」なのであり、とりたてて宗教的・呪術的な説明をする必要はないだろう。

交換する一揆契状

大永《だいえい》五年（一五二五）六月二十六日、「三本の矢」の故事で知られる安芸《あき》の戦国武将、毛《もう》利《り》元就《もとなり》は、同じく安芸の天野《あまの》興定《おきさだ》に対して起請文形式の「契盟《けいめい》状」を送り、同盟を結んだ（右田毛利家文書）。この「契盟状」には「大小の事、御扶助を得て、相応の奉公申すべく候」とある。この助け合いの規定は五郡一揆契状や伊達政宗一揆契状と同じであり、毛利元就が送った契盟状も一揆契状の一種と理解できる。

興味深いことに、同年同月同日に同一内容の「契盟状」が、天野興定から毛利元就に宛てて送られている（右田毛利家文書）。毛利元就と天野興定が、お互いに起請文形式の契盟状を送り合うことで、二人の一揆が成立したのである。

このような同時・同内容の二通セットの起請文は、戦国期の中国地方では、「書違《かきちがえ》」と呼ばれた。ここでの「違える」という言葉は、「刺し違える」（互いに刃物で刺し合う）の場合と同じで〝交差〟の意味で用いられている。この書違の中には、一揆契状と把握できるものも少なくない。すなわち、当事者A・B間で同一内容の一揆契状二通が、A↓B、B↓Aという形でやりとりされたのである（イメージがわかない人は年賀状を思い浮かべると合点がいくはず）。AとBが、一揆契状をいわば交換する形になる。

とすると、先ほど紹介した、伊達政宗から余目持家に送られた一揆契状も、本来は余目持家から伊達政宗に送られた同内容の一揆契状とペアで機能していたのではないだろうか。その性格上、二通の一揆契状は別々の家で保管されるため、よほどの幸運がない限り、両方が現代にまで伝来することはない。しかし、AからBに宛てた「一対一」型の一揆契状を見つけた場合、それは二通セットのうちの片割れであり、もともとはBからAに宛てたもう一通の一揆契状も存在していた、と推定すべきである。

こうした交換する一揆契状が、大勢で連署し神に捧げたり上部権力に提出したりする一方通行の一揆契状とは全く別のタイプの一揆契状であることは明らかだろう。次項以降では、今までの研究では注目されなかった交換型の一揆契状の機能を、五郡一揆契状のような〝宛先のない〟一揆契状と比較しつつ考察していきたい。

一対一の関係の連鎖

では、宛先のない一揆契状と、宛先のある〈交換型一揆契状〉は、どのような関係にあるのだろうか。実はこの問題に関しては、小林一岳氏による言及がある。小林氏は南北朝時代の伊達政宗&余目持家のような「一揆集団の最小単位としての一対一契約」を「一般的な一揆契約に至る展開過程の最も初期の段階」と評価している。一対一の相互協約から複数の領主が参加する大規模な一揆へと成長する、という理解と考えられる。

小林氏はその根拠を明確に示していないが、氏が具体的な検討対象とした東北地方においては、時代が下ると、単署の一揆契状が消滅し連署の一揆契状が主流になると判断したからではないか。歴史の展開にしたがって、一揆が大規模化し、地域社会の秩序を担う存在へと段階的に発展していくという議論なのだろう。

しかし小林氏は史料を何点か見落としている。実のところ東北地方では、後の時代になっても、宛先のある〈交換型一揆契状〉が用いられている。こうした〈交換〉と思しき事例は、先ほど紹介した毛利元就と天野興定の「契盟状」など、室町・戦国時代の他地域でも散見される。時期的変遷によって宛先の有無を説明することはできないのだ。

そして、より重要なことは、二者間のみならず多者間の一揆契約においても、〈交換型一揆契状〉が中世後期を通じて用いられていることである。

たとえば永享《えいきょう》六年（一四三四）六月、大隅国《おおすみのくに》（現在の鹿児島県東部）の国人である山田《やまだ》忠尚《ただひさ》は、①平田重宗《ひらたしげむね》、②野辺盛豊《のべもりとよ》、③石井忠義《いしいただよし》、④肝付《きもつき》（鹿屋《かのや》）兼政《かねまさ》・兼直《かねなお》、⑤興長武清《おきながたけきよ》、⑥肝付兼元《かねもと》・兼忠《かねただ》・貴重《たかしげ》の六家から同一日時・同一内容の契約状を受け取っている（薩藩旧記雑録）。

この六通の契約状では「一味同心」が謳われている。また、「公方」（後述する島津持久《しまづもちひさ》を指す）からメンバーの「一人」に対して無理難題が下された場合は、共同で「公方」に抗議すること（一種の強訴である）も約束している。だから、これらの契約状は「一揆契状」と把握できる。一対一契約の連鎖、個別の同盟関係の集積として国人一揆が成立しているのである。

さて〈交換〉の原則からすると、山田忠尚もまた、彼らに一揆契状を差し出したはずである。よって忠尚はわざわざ六通の契約状を作成したことになる。なぜ彼らは、全員連署の〝宛先のない〟一揆契状を作成せず、〝宛先のある〟一揆契状を取り交わすという方式をとったのか。

このように考えていくと、〝宛先のある〟一揆契状（単署）＝一対一の一揆契約から〝宛先のない〟一揆契状（連署）＝複数の領主が参加する一揆契約へ、という段階論で両者を整理してしまってよいのか、疑問なしとしない。両者の間には、人数の多少という問題に還元されない本質的な違いが存在するのではないだろうか。以下、この点を探っていきたい。

集合しない一揆

一揆参加者全員が連署する〝宛先のない〟一揆契状は、どのようにして作成されるのか。これは、今までの章で述べたように、原則的に全員が一堂に会し、他の参加者の眼前で、一揆契状＝起請文に署名するという手続きを経て作成されるのである。一揆結成の際に行われる「一味神水」という儀式も、全員が一カ所に集合していることを前提にしている。では、宛先のある〈交換型一揆契状〉の場合はどうか。この点で参考になるのが、戦国大名の起請文である。

戦国期には大名間で盛んに同盟が締結されたが、その際、大名当主同士が対面して同盟を約するわけではない。一例として「越相《えつそう》同盟」を見てみよう。これは、永禄《えいろく》十二年（一五六九）に甲斐《かい》の武田信玄《たけだしんげん》に対抗するために、越後《えちご》の上杉謙信《うえすぎけんしん》と相模《さがみ》の北条氏康《ほうじょううじやす》・氏政《うじまさ》父子が結んだ軍事同盟である。越後の「越」と相模の「相」を取って「越相同盟」、というわけだ。

この時は、上杉―北条間を使者が行き交い、謙信と氏康・氏政という大名家トップの血判が据えられた起請文（誓詞《せいし》）をそれぞれ相手方に渡すことで同盟が成立している。つまりは誓詞の交換による同盟締結である。

右のような、首脳会談がないまま行う誓約は、当然のことながら信頼性に欠ける。そこで面談の代替措置として、「血判の証人」と呼ばれる相手方使者の目の前で大名当主が血判を据えるという作法が導入された。こうした作法の成立は、直接面会せずに起請文を交換することによって成立する盟約がそれだけ多かったことを示している。

ここから類推すると、〈交換型一揆契状〉の〝宛先がある〟という様式からは、当事者同士が顔を合わせることなく、文書のやりとりだけで一揆が成立する、といった機能がうかがえる。よって〈交換型一揆契状〉は、「一味神水」という決起集会を必要としないと考えられる。一揆契状の交換によって結成される一揆は〈集合しない一揆〉なのである。

それでは、集合しないということに、どのような意味があるのか。次項以降、この点を掘り下げて検討してみよう。

「他言無用」の秘密同盟

永正《えいしょう》七年（一五一〇）、石見国《いわみのくに》（現在の島根県西部）の有力武士である益田宗兼《ますだむねかね》と、安芸・石見両国にまたがる勢力を誇っていた武士である高橋元光《たかはしもとみつ》は、両氏間での紛争の平和的解決を定めた「御契約」を結んだ。事実上、「一対一」型の一揆である。

　高橋氏はその後、毛利氏によって滅ぼされてしまったので、現在残っているのは、高橋元光が益田宗兼に送付した契約状だけである（益田家文書）。しかし「自他の縁者知音《ちいん》」（私とあなたの親類・知り合い）や「両方の御被官中《ごひかんちゆう》」（高橋・益田両家の家臣）について規定した双務的な内容から、益田から高橋にも同様の契約状が送られたと判断される。一揆契状の交換によって、お互いに相手に対して誓いを立てたのである。

ここで注目したいのは、高橋元光が送った一揆契状の最後の条文である。「此条々、他言あるべからず候」とあり、この一揆契約が密かに結ばれたことが分かる。つまり、秘密同盟なのである。

これに類似する例を他地域に求めると、たとえば九州の場合、永享五年（一四三三）の菊池持朝《きくちもちとも》と阿蘇《あそ》惟郷《これさと》・惟忠《これただ》との一揆契約が挙げられる。この一揆契状の第三条には「隠蜜《おんみつ》の子細、申し談ずる事を他言あるべからざる事」とある（阿蘇文書）。この場合、一揆契状そのものが「隠密」に作成されたと明言されているわけではない。しかし「両者の間で隠密に相談した内容は他言しない」などと規定した一揆契状を人目にさらすとは考えにくい。この一揆契状は秘匿されたと見るのが自然だろう。

畿内近国ではどうであろうか。永禄《えいろく》六年（一五六三）十二月、近江《おうみ》（現在の滋賀県）の戦国大名、六角《ろっかく》氏の重臣である進藤賢盛《しんどうかたもり》は、甲賀《こうか》郡の有力武士である山中俊好《やまなかとしよし》と起請文を交わし、相互協力を約している（山中文書）。この起請文＝〈交換型一揆契状〉では、最後の条文において「隠密の儀」について「他言」を禁じており、秘密裡に同盟が結ばれたことを推測させる。

同様の事例は関東でも確認される。一例を挙げれば、天正《てんしょう》十四年（一五八六）八月、下野《しもつけ》（現在の栃木県）の有力武士、茂木治良《もてぎはるよし》は常陸《ひたち》（現在の茨城県）の佐竹《さたけ》一族の大山《おおやま》氏に起請文を送り一揆を結んでいる（秋田藩家蔵文書）。この起請文の最後の条文には「密事の儀申し合わせ、自今以後に於《お》いても御口外あるまじき事」とある。

前項で論じたように、〈交換型一揆契状〉は「一味神水」という人目につきやすい派手な儀式を必ずしも要さず、当事者間で一揆契状を取り交わせば一揆が成立する。この特性は、こっそりと一揆を結ぶにはたいへん都合がよい。〈交換型一揆契状〉は秘密同盟の結成に適した一揆契状と言えるだろう。

敵とこっそり手を結ぶ

以上のように見ていくと、「他言あるべからず」などと明記されていない〈交換型一揆契状〉の中にも、秘密同盟として締結されたものが少なからずあるのではないか、と推測されるのである。

この問題をより深く考える上で示唆に富むのが、以下の事例である。

文安《ぶんあん》元年（一四四四）十月、日向国《ひゅうがのくに》（現在の宮崎県）において伊東《いとう》・樺山《かばやま》・高木・和田・野辺の五氏が、一揆契状を取り交わし、「衆中《しゅうちゅう》」＝国人一揆を結成した。この一揆は、対立していた島津忠国《ただくに》・持久《もちひさ》兄弟が和睦する可能性が想定されるにおよんで、忠国派の伊東氏と、持久派の樺山ら四氏が手を結んだものである。

伊東・高木・和田・野辺から樺山孝久《たかひさ》に宛てられた一揆契状が各一通、つまり合計四通が現存している（伝家《でんか》亀鏡《ききょう》）。この四通は日付・文面が微妙に違う。

まず日付だが、伊東・野辺からの契状が十月十四日付であるのに対し、高木・和田からの契状は十月二十二日付である。そして文面は、伊東の契状だけ条文が大きく異なる。この内容の異同は、以前から樺山孝久の盟友であり持久派の高木・和田・野辺と、樺山氏と対立してきた忠国派の伊東氏とでは、これまでの樺山氏との関係も、これから樺山氏が期待する役割も、おのずと異なるからである（後述）。

さらに、いずれの一揆契状も双務的な内容であり、樺山からも四氏に対し、それぞれ一揆契状を送ったと考えられる。すなわち樺山は四氏とそれぞれ一揆契状を交換したわけで、これらの一揆契状は全て〈交換型一揆契状〉と言えよう。

また、残された四通の日付・文面の違いから、樺山ら五氏が一堂に会して一揆契状を作成する、つまり「一味神水」を行ったという状況は考えにくい。そもそも人と人とで契状を送り合う〈交換型一揆契状〉は、その形態からして「一味神水」には不向きである。

ここで注意したいのは、一揆契状が作成された時点での島津忠国・持久兄弟の関係である。伊東祐尭《すけたか》一揆契状の第二条に「縦《たと》い（仮に）島津殿御兄弟、御和睦候て……」、高木《たかぎ》殖家《たねいえ》一揆契状の第二条に「万一、持久・忠国、御和睦候て」とある。すなわち忠国と持久の和睦は、この時点ではあくまで可能性が噂されていたにすぎず、実現はしていない。両者は依然として対立関係にある。

そのような状況下で、忠国派の国人と持久派の国人が現地で勝手に盟約を結ぶということが、何を意味するか。これは敵方への内通行為に等しく、忠国もしくは持久に発覚したら、彼ら国人たちが何らかの制裁を受けることは間違いない。

したがって、この一揆契約は表立って結ばれたものではあり得ない。現に伊東氏はこの一揆を結ぶ直前に、島津忠国の訪問を受ける一方で、密かに樺山氏と連絡を取り一緒に島津持久と談合することを計画している。五氏の盟約が敵方とこっそり手を結ぶ秘密同盟であることは疑いない。

そのことは伊東祐尭一揆契状の第三条からもうかがえる。持久派の樺山らが忠国に申し入れをしたい場合は忠国派の伊東が取り次ぐ一方、伊東が持久に申し入れをしたい場合は樺山らが取り次ぐ。つまり戦況がどう転んでもいいように、忠国・持久のどちらが和睦の主導権を握っても問題ないように、相手側に交渉の窓口を作っておくことが、この一揆の目的であった。したがって、当面の間、樺山・高木・和田・野辺と伊東との盟約は秘密にしておかなければならなかったのである。

第三者に公開された強訴型の一揆契状と異なり、〈交換型一揆契状〉は他人の目に触れないよう隠された。一対一契約の連鎖という形で多者間の一揆契約を締結するという一見不可思議な事象も、右のように考えれば整合的に理解できるのである。

一揆とSNS

本章ではここまで、交換型一揆契状によって結成された一揆の、秘密同盟的な性質を見てきた。突飛な発想に思えるかもしれないが、このタイプの一揆が生み出す「人のつながり」は、現代のSNSが生み出す「人のつながり」に似通っていないだろうか。

インターネットにあまりなじみのない人にとっては、ネットの世界と言うと、玉石混淆の情報が氾濫する「何でもあり」の自由な（あるいは無秩序な）空間というイメージが強いと思う。二十一世紀初頭までは、その認識でだいたい間違っていなかった。そして、インターネット上に広がる膨大かつ雑多な情報を収集し体系化するための高度な検索エンジンを開発したのがグーグルである。グーグルは、そのサービスを世界中のインターネットユーザーに無料で開放することで、最も多くの人が利用するポータルサイトとしてインターネット世界の覇者になった。

ところが二〇〇八〜〇九年頃から、フェイスブックの台頭によって、グーグルの地位はおびやかされることになる。フェイスブックはアメリカ映画『ソーシャル・ネットワーク』の公開（二〇一〇年）でも話題になった実名制交流サイトで、一四〇文字までのツイート（つぶやき）を投稿するミニブログ「ツイッター」と並ぶSNSの代表格である。これらのSNSは中東革命の成功にも貢献し、アラブ諸国で発生した一連の民主革命を「フェイスブック革命」「ツイッター革命」「ソーシャルメディア革命」と評価する識者もいるほどだ。

フェイスブックは実名による参加登録とログインが必要なクローズドサービスのため、情報の大部分は外部から閲覧できない。フェイスブックは実名主義に基づく厳格な個人認証を貫いており、知り合い同士が互いに相手を「友達」として承認しない限り、自分がフェイスブック上に公開する詳細な個人情報を相手に見られることはないし、一方で相手の個人情報を見ることもできない。フェイスブックの世界は、匿名の人間が好き勝手に真偽不明の情報を書き込む「何でもあり」の無責任世界と一線を画した、互恵関係に支えられた透明性の高い空間なのだ。いわば囲い込まれた理想郷である。

この「相手を選んで個人情報を公開できる（不特定多数の人から自分の秘密を守れる）」という安心感から、人々は多くの個人情報をフェイスブック上に進んで公開し、信頼できる友人との情報の共有によって、今までにない濃密な交流・交際が育まれていった。新しい「人のつながり」を生みだし、何億人もの人々のライフスタイルを変えたことにこそフェイスブックの真の意義があり、中東の独裁政権を倒したうんぬんは、極論すれば派生的な現象でしかない。

グーグルはフェイスブック内の情報を検索することができないため、フェイスブックが巨大化するにつれて、グーグルは苦しくなった。インターネット上の情報の流れを検索エンジンによって押さえることで莫大な利益を上げてきたグーグルも、ソーシャルメディアの分野に進出して（Google+）、フェイスブックと直接対決する方向に戦略を転換した。

全体に公開するのではなく、相互認証に基づく特定の相手との信頼関係の醸成に重点を置く。一対一の人間関係の連鎖として大きな連帯の輪を広げる。フェイスブックをはじめとするSNSによって創り出された「人のつながり」は、非常に先進的な、二十一世紀的なあり方に映る。技術的にはその通りだと思うが、思想的には、〈交換型一揆契状〉によって結成された日本中世の一揆の延長上に捉えることができるのではないか。

こうした一揆の実像を知ることは、現代社会を生きる上でのヒントになると私は思う。脱原発デモや安保法制反対デモが、かつての安保闘争に比べれば盛り上がりに欠ける日本の現状を考慮すれば、中世の一揆に「革命」のイメージを重ね合わせるのではなく、「人のつながり」の一類型として一揆を捉える方が、今日的な意義があるだろう。

君の大事は私の大事

一揆という「人のつながり」は、具体的にどのような関係なのだろうか。これまでの研究では、「一味神水」という神秘的な儀式を通じて、自らが神ないしは神の意志を代行する者に変身したという確信を得た人々の集まり、と説明されてきた。「一揆の場」という非日常的・人工的な空間において、各人は神の力を借りて一時的に平等な関係を築くという。

一揆にそういう非合理な面があることは否定しないが、本書で再三述べてきたように、人々の信仰心を軸に一揆の結合原理を論じる右の学説はいかにも大仰である。少なくとも、全ての一揆が神がかっているわけではないことは明らかである。〈交換型一揆契状〉の特徴から分かるように、「一味神水」は必ずしも一揆結成に不可欠の儀式ではない。神罰の威力、すなわち宗教的呪縛を強調する通説に対し、史料に即して一定の見直しを行う必要があるだろう。

前掲の樺山孝久宛て高木殖家一揆契状には「世上如何様《いかさま》に転変たりと雖《いえど》も、此衆中一諾申し談じ候上は、孝久御大綱の時は、殖家大綱と存じ、無二の御用に立ち申すべき事」という条文がある。要するに、世の中がどうなろうとも、一揆を結んだ以上は、相手（樺山孝久）の一大事を自分自身（高木殖家）の一大事と考えて、問題の解決に尽力する、というのである。

こうした規定は〈交換型一揆契状〉に典型的に見られるものである。「向後《きょうこう》に於いては、身の大事を憑《たの》み申すべく候、また御大事出来《しゅったい》の時は、身の大事と存じ候て見継《みつ》ぎ申すべく候」（ここでの「身」とは「自分」という意味）とか「御大綱をば身の大事と存じ、身の大綱をば御大事と思し召され、御意を残さず承り、愚意を残さず申し入れ、大小の事を談合申すべき事」とか、一揆契状ごとに文章表現の差異はあるが、意味するところは同じだ。相手にふりかかった問題を自分の問題として考え、親身になって、その解決に協力する。

実は、これこそが一揆という人間関係の本質である。あまりにも当たり前すぎて拍子抜けした読者もいるかもしれないが、果たして私たちは、この原則をどこまで実践できているだろうか。

雑誌『週刊ポスト』二〇一二年三月二三日号によると、福島県から他県に避難してきた子供に対し、近隣住民から「遊ばせるのを自粛してほしい」との声が上がったという。放射性物質は病原菌ではないので、人から人へ感染することはあり得ない。無知に起因する福島出身者への差別・偏見以外の何物でもない。いくら多額の義捐金《ぎえん》を送ったとしても、「福島県民お断り」では、「絆」とは言えないのである。

こうした現況を踏まえると、中世の武士たちが結んだ軍事同盟の中に、現代にもそのまま通じるような「人のつながり」の基本理念が表現されていることは、無視できない重みを持つ。一揆の結合原理は普遍性を備えたシンプルなものなのだ。一揆を高度に抽象的な唯物史観で説明するのではなく、また未開社会特有の呪術観念と絡めて論じるでもなく、もっと私たちにとって身近で親しみやすいものとして理解すべきだろう。

一揆の本質が偉大な革命運動ではなく等身大の「人のつながり」にあると知ることは、「ポスト3・11」を展望する上でも有益だと思う。他者への共感を欠いた頭でっかちの革命理論では、社会を変革することなどできない。福島原発事故が起きたにもかかわらず脱原発運動が今ひとつ力不足なのは、原発反対を唱える知識人たちが、事故の被害者であり原発問題の最大の当事者である福島県民の気持ちに寄り添うことより、自らの政治的主張を宣伝することの方を優先しているからではないか。脱原発派の知識人の中には「福島の農家はオウム信者と同じ」「福島県ナンバーの車には近寄ってきてほしくない」といった暴言を吐く人までおり、しかも一定の支持を得ているのだ。

福島出身の社会学者である開沼博《かいぬまひろし》氏は、原発に経済的に依存してきた原発立地地域をどう復興するかを考えずに、ただひたすらに「原発即時廃炉」を唱えることは、それが善意に基づく意見だとしても、福島に対する抑圧になりかねないことを指摘している。今こそ「相手の立場で考える」という人間関係の原点に立ち返るべきなのではないだろうか。

デマへの対処法

インターネットの普及によって、人と人とのコミュニケーションは劇的に活性化した。一方でインターネットはデマ情報の流布・拡散にも一役買ってしまっている。二〇一一年の東日本大震災でも、「〇〇地域の避難所では、まったく食料がなく餓死者が出ています。いますぐ救援を!」とか「日本が地震兵器でテロ攻撃された」とか、様々な流言がチェーンメール(情報の連鎖的拡散を目的として「この情報を〇人の知り合いに送ってください」と不特定多数に呼びかけるメール）やツイッターを通じて広まった。デマの拡散に関与した人の多くは悪意を持っていたわけではないが、自分のところに届いたデマ情報を真実と誤解し、親切心や正義感から知り合いに伝達し、結果的に混乱を引き起こしてしまったのである。

有益な口コミと有害なデマは紙一重のところがあり、デマの問題は「人のつながり」とは切っても切れない関係にある。一揆も、人と人との信頼関係を基盤に置いているため、デマ情報への対処を重視していた。偽情報に引っかかって、一揆を結んだ相手を信用できなくなれば、一揆は崩壊する。残念ながら、「一緒に一味神水をした仲だから、あいつのことは絶対に信頼できる！」というほど単純にはいかないのである。

一揆契状、特に〈交換型一揆契状〉には「荒説《こうせつ》」「虚事《そらごと》（虚言）」といった字句がしばしば見られる。これらは「デマ、噂」を意味する言葉である。また、「和讒凶害の仁《わざんきょうがいのじん》」「讒者《ざんしゃ》」など、意図的にデマを流して情報を攪乱する謀略者の出現を想定している一揆契状も多い。戦争の時代である中世後期においては、こうした情報工作は日常茶飯事だったのである。

さて、国人一揆はこのデマ問題をどのようにしてクリアしたのか。一例として、応永《おうえい》十八年（一四一一）九月の二階堂行綱《にかいどうゆきつな》宛て島津久世《ひさよ》一揆契状の規定を見てみよう（二階堂氏正統家譜文書）。ちなみに、両氏はいずれも薩摩の国人である。

自然、和讒凶害の仁ありて、不慮の荒説出《い》で来たらん時は、互いに面を以て申し披《ひら》くべき事、

中世においては「自然」という言葉は、山や川のことを指すのではなく、「万一」という意味を持つ。だから右の規定は「もしデマ情報が流れて、一揆を結んだ相手に対して疑いが芽生えた時は、顔と顔を合わせて話し合い、不信感を解消しろ」というものである。

例の伊東祐尭一揆契状には「此《か》くの如く申し談じ候ところに讒者有りて、不慮の虚事出来《しゅったい》の事候はん時は、御意を残されず承り、是《これ》よりも腹蔵《ふくぞう》なく申し披《ひら》くべく候」とある。

この他にも、「不思議の凶害等出で来たり候はば、御尋ねに預かるべく候、中条あるといはば、尋ね申すべく候」や「若し和讒の仁出で来たり、虚言を以て申すの輩《ともがら》あると雖も、且《か》つうは不審を散じ、且つうは意趣を残さず、申し談ずべきなり」など、不信（不審）解消規定が盛り込まれた一揆契状は多い。これらの一揆契状は、デマなどの謀略に対し、互いに本心を打ち明けさせることで、一揆の結束を保とうとしているのである。

要するに「疑心暗鬼になったら、直接会って、ホンネをぶつけ合うのが重要」という教訓であって、これまた「当り前だろ！」と読者諸賢からツッコミを受けそうだ。

けれども、インターネットの発達によって直接人と対面する機会が乏しくなった現代において、この教訓は昔より大きな意味を持つのではないだろうか。交友にしろ商取引にしろ取材にしろ、かなりの部分がネットで事足りてしまう時代だからこそ、逆に、実際に顔を合わせることの重要性が増していると私は考える。

フェイスブックの創業者にしてCEO（最高経営責任者）のマーク・ザッカーバーグによれば、フェイスブックはインターネット上に現実世界と異なる「もう一つの世界」（バーチャル世界）を作ろうとするものではなく、現実の交流・交際を深めるための手助けをすることが目的であるという。つまり、ザッカーバーグは決してネット至上主義者ではなく、人と人とが直接会うことの価値を積極的に肯定している。

また、フェイスブックが実名主義にこだわるのも、ザッカーバーグの社会変革の理念に基づいている。ネットでの実名による交流が広がっていくと、人々は家族や恋人、友人知人に対して隠し事ができなくなり、裏表のない誠実な人間関係が実現する。こうした社会の透明化によって、世界はよりよくなるはずだ、というのが彼の考えなのである。

このクリーンさを極限まで追求するザッカーバーグの思想に関しては、「現実社会の複雑さを知らぬ青臭い若者の理想論」と批判する論者もいる。加えて、世界中の人間の個人情報をフェイスブックという一私企業が掌握することの危険性に警鐘を鳴らす識者も少なくない。

だが賛否は別にして、フェイスブックの試みが、新しい「人のつながり」のあり方を私たちに提起していることは間違いない。そして、「個人情報を互いにオープンにすることで深い絆を結ぼう」というザッカーバーグの提案を評価するための座標軸を得るためにも、私たちは一揆の思想を学ぶ必要があるのではないだろうか。次章では、この問題について、もう少し考えてみたい。

第八章　縁か無縁か――中世の「契約」

中世は「契約」社会

武士が農民を支配する、主君が家臣を支配する……これまで日本中世の歴史は「支配」関係を中心に説明されてきた。そして、こうした権力者の悪辣な「支配」に抵抗する民衆の勇敢な「闘争」に至高の価値を見いだす歴史観こそが「階級闘争史観」であった。しかし一九八〇年代の「社会史ブーム」以降の諸研究によって、中世社会は人と人との「契約」によって回っていたことが解明されつつある。中世史研究で自明視されてきた、農民が荘園領主の苛酷な支配の下に置かれていてカワイソウという構図も見直された。

一例を挙げよう。和泉国《いずみのくに》の九条《くじよう》家領日根野荘《ひねののしよう》（現在の大阪府泉佐野《いずみさの》市・熊取《くまとり》町）では、応《おう》永《えい》二十四年（一四一七）、荘園領主の九条家と村との「起請契約」によって定額の年貢納入制（研究者は、これを「地下請《じげうけ》」「百姓請」などと呼ぶ）が実現している。村の側が「契約」に基づいて年貢を納める限り、荘園領主が村の運営に関与しない体制が成立し、荘園領主が好き勝手に年貢を取り立てることはできなくなったのである。荘園領主と村は「契約」によって結びついており、支配―被支配関係として単純に理解すべきではない。

主従関係についても同様のことが言える。中世社会においては、従者が主人に絶対服従しなければならないという片務的な主従関係はかなり例外的であった。主人と最後まで運命を共にすることを義務づけられた従者は家老や側近のような存在に限られ、大半の武士は、たとえば平家が栄えれば平家に属し、源氏の天下になれば源氏に仕えるという自由を持っていた。

高校日本史の授業の、鎌倉幕府のコーナーで「御恩と奉公」という言葉を習ったことを覚えているだろうか。御恩とは主人が従者に与える恩恵のこと、奉公とは従者が主人のために奉仕することを意味する。御恩と奉公はセットになっており、主人が従者に御恩を与えるからこそ、従者は主人に奉公するのである。源頼朝《みなもとのよりとも》は御家人《ごけにん》に所領を与え、御家人は頼朝のために戦う。つまり中世の主従関係は互いに義務を負う双務的関係である。

したがって、自分の働きに対して十分な見返りをくれない主人に対して、従者はいつまでも忠誠を誓う必要はないのである。室町～戦国時代に成立したと推測される書物『世鏡抄《せきようしょう》』には、「複数の主人に仕えている者や、よそから移籍してきた侍は、万一の時は、懸命に戦い、主人からの恩賞に注目せよ。三年の間に恩賞が与えられなければ、別の主人に仕えよ」という処世訓が見える。主人からどんなに理不尽に扱われようと、ひたすら主人に忠義を尽くすといった「武士道」的観念とは無縁の、ドライな関係と言えよう。

近年の研究では、このような日本中世の主従関係を「双務契約」と評価することが一般的である。実際、先述の『世鏡抄』には「主従契約」という語が記されている。

このように、以前は絶対の上下関係と見られてきた人間関係の中にも「契約」的側面を持つものが多い、ということが近年の研究によって分かってきた。

とはいえ、右に紹介した「中世契約論」に問題がないわけではない。「中世契約論」は「階級闘争史観」批判から出発しているので、関心が上下関係に偏りがちである。「今までは支配―被支配関係と見られていたが、実は契約関係なんだよ!」「な、なんだって―」みたいな論調になってしまうのである。けれども、「契約」とは「上」と「下」との間でのみ結ばれるものではない。むしろ、水平的な関係において「契約」が結ばれることの方が一般的ではないだろうか。

察しのよい皆さんなら、私が何を言わんとしているのか、お気づきであろう。そう、一揆契約である。

一揆契状は契約状

第六章でも紹介したが、今までの研究は、神に誓約する起請文の一種として一揆契状を論じてきた。その理解は間違っていないが、一揆契状の文面に見られる「契約条々」「契諾《けいだく》条々」「一揆契約状」といった表現が示すように、一揆契状は「一味同心を約束する契約状」という一面をも持っていることに注意する必要がある。

たとえば永徳《えいとく》四年（一三八四）八月十五日の藤原守綱《ふじわらのもりつな》一揆契状（遠野《とおの》南部《なんぶ》家文書）は冒頭に「一揆契状の事」と記す一方で、「仍《よ》って契約起請文の状、件《くだん》の如し」と結んでいる。現代語に訳すと「よって契約起請文は、以上の通りである」となる。つまり一揆契状は単なる起請文ではなく、「契約起請文」なのである。

笠松宏至《かさまつひろし》氏によれば、契約起請文とは、契約状と起請文が合体した文書のことである。どちらも約束のための文書だが、契約状は人に約束する文書であり、起請文は神に誓約する文書である。言い換えるならば、契約状は人に送る文書であり、起請文は神に捧げる文書である。すると、第六章で検討した一味神水のための一揆契状は起請文的性格が強く、第七章で検討した交換する一揆契状は契約状的性格が強い、と整理することができよう。

従来の一揆研究においては、一揆契状は神に誓約する起請文として評価されたため、一揆の呪術的な性格が強調されてきた。だが前章で明らかにしたように、一味神水を行わずに一揆契状を交換するだけで成立してしまう一揆も数多く存在する。また第六章で説明したように、一味神水を行う一揆であっても、宗教的・呪術的な儀礼行為というより政治的な宣伝行為として一味神水を行っている場合が少なくない。

であるならば、一揆契状の起請文としての性格に注目するのではなく、契約状としての性格に着目して、一揆の本質を考察する必要があるのではないだろうか。要するに、中世社会に存在する諸々の人的契約の一つとして「一揆契約」を位置づけるべきだと思うのである。以下では、この問題を掘り下げていきたい。

義兄弟の契り

日本で最も有名な中国の歴史物語といえば、明の時代の白話小説（大衆向けの口語体の小説）『三国志《さんごくし》演義《えんぎ》』だろう。この大長編は、劉備《りゅうび》・関羽《かんう》・張飛《ちょうひ》の三人が、張飛の屋敷の裏にある桃園《とうえん》で義兄弟（長兄・劉備、次兄・関羽、末弟・張飛）となる誓いを結ぶところから始まる。いわゆる「桃園の誓い」である。

その誓いの言葉は、「ここに劉備・関羽・張飛の三人、姓は同じくないけれども、すでに兄弟のちぎりを結ぶからは、心を一つにし力を合わせ、苦難にあい危険にのぞむものを救いたすけて、上は国家の恩にむくい、下は民草を安らかにしたい。同年同月同日に生まれなかったのは是非もない、ねがわくは同年同月同日に死にたい。皇天后土《こうてんこうど》の神も照覧あれ、もし義にそむき恩をわすれることあらば、天の罰をこうむるであろう」(小川環樹《たまき》・金田純一郎訳『完訳・三国志』岩波文庫)というものであった。

この「桃園の誓い」の逸話は晋《しん》の時代に成立した正史『三国志』には見えないため、後世に創作されたものと考えられている。ただ、元の時代の絵入りの講談本『全相《ぜんそう》三国志平《へい》話《わ》』には既に見え、元代以降の庶民にとっては「義兄弟の契《ちぎ》り」が身近でなじみ深い風習であったことが推測される。馬や牛をお供えし、香をたいて誓いの言葉を述べるといった「桃園の誓い」の描写は、現実の「義兄弟の契り」の作法を反映していると考えてよいだろう。

さて、右の誓いの言葉、どこかで似たようなものを見た記憶がないだろうか。心を一つにする、神に誓う、破ったら天罰が下る……そう、「一揆契約」とそっくりなのだ。

室町時代末期に成立した、いろは引き分類辞書である伊勢《いせ》本系『節用集《せつようしゅう》』では「契」「約」「盟」「誓」の四字とも、「チギル」の読み仮名がふられている。したがって、日本中世における「契約」とは「契り」に他ならない。

一揆を革命的な民衆運動として把握してきた旧来の学説を信奉している人からしたら、「一揆契約と義兄弟の契りは似ている」などと言われてもピンとこないだろう。しかし、二人や三人で結成する一揆があるという歴史的事実を念頭に置けば、一揆契約と義兄弟の契りとの距離は非常に近いと言える。いずれも他人同士が「同心」して協力し合うための儀式、手続きなのである。

兄弟が「父子」に

久寿《きゆうじゆ》二年（一一五五）八月十六日、源義朝《みなもとのよしとも》の長男、源義平《よしひら》が武蔵国比企《むさしのくにひき》郡大蔵館《おおくらやかた》（現在の埼玉県比企郡嵐山《らんざん》町大蔵）を襲撃し、義朝の弟（つまり義平の叔父）である源義賢《よしかた》と、その舅《しゆうと》である秩父《ちちぶ》重隆《しげたか》を滅ぼした。これを大蔵合戦という。

この合戦の背景は複雑だが、一つには当時の河内源氏《かわちげんじ》の内部対立が影響している。源為義《ためよし》は長男の義朝ではなく次男の義賢を跡継ぎに決めた。このため義朝は、摂関家《せつかんけ》に仕える為義―義賢と対抗すべく、鳥羽《とば》院に接近し、その権威を背景として南関東に独自の勢力を築いていった。一方、義賢は武蔵の豪族・秩父重隆を従え、北関東に勢力を伸ばしていた。

かくして源義朝・義賢兄弟の利害は真っ向から対立することになり、京都にいる義朝に代わって関東で活動していた源義平が、父・義朝の命を受けて義賢を攻撃した。これが大蔵合戦の内幕である。ちなみに大蔵館に住んでいた義賢の次男の駒王丸《こまおうまる》は、からくも信濃《しなの》国木曾谷《くにきそだに》（現在の長野県木曽郡木曽町）に逃れた。彼こそが後の木曾義仲《よしなか》である。源義朝の子である源頼朝と、源義賢の子である木曾義仲との対決は、この時点で運命づけられていたのかもしれない。

義賢の死を知った為義の四男（つまり義朝・義賢の弟）頼賢《よりかた》は、義賢の敵《かたき》である義平を討つべく、京都から信濃国に下った。その行為が、信濃国にある鳥羽院領荘園を侵略するものとみなされ、鳥羽院は義朝に頼賢の討伐を命じた。まさに骨肉の争いである。両者の衝突は寸前で回避されるが、義朝と為義―頼賢の関係は修復せず、結局、一年後の保元《ほうげん》の乱で激突することになる。同乱によって為義らを葬り去ることで、義朝は長年にわたる河内源氏の内紛を解決し、平清盛と並ぶ武家の棟梁《とうりょう》としての地位を確立した。

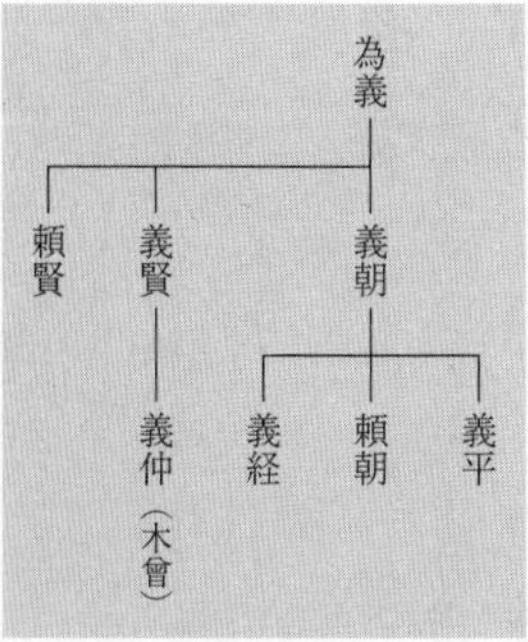

さて本書で注目したいのは、源頼賢が敵討ちを決意した理由である。藤原頼長《よりなが》の日記『台記《たいき》』によれば、単に義賢が頼賢の兄であるからということではなく、義賢と頼賢が「父子之約《おやこのやく》」を結んでいたからだというのだ。

実の兄弟が殺されたのだから敵討ちは当然、と考えたくなるが、そもそも事件の発端は源義朝・義賢兄弟の対立にある。後の源頼朝・義経《よしつね》兄弟の対立からも分かるように、この時代、血を分けた兄弟は最大のライバルであり、殺し合うことも珍しくなかった。兄が殺されたから敵討ちをする、とは限らない。だが父親が殺されたということになれば、話は別だ。頼賢は「父」である義賢を殺されたからこそ、報復を決意したのである。

親子契約

では、なぜ実の兄弟である義賢と頼賢が「父子の約」を結んだのだろうか。為義の後継者となった義賢であったが、不祥事によって官職を失ってしまう。この結果、左衛門尉《さえもんのじょう》に任官した頼賢が次の後継者として浮上することになる。為義は、為義→義賢→頼賢という順に家を相続することを決め、この路線を確定させるために義賢と頼賢に「父子の約」を結ばせたのではないだろうか。

当時このような約束を、「親子契約」もしくは「父子契約」などと表現した。親子契約とは中世の人的契約の一種で、実の親子ではない二人の人間が擬制的に「親」と「子」の関係を取り結ぶことを意味する。したがって、兄弟どころか全くの赤の他人同士でも親子契約を結ぶことは可能である。

その「契約」の具体的内容は、「親」になった者が自分の財産を「子」となった者に譲り、その引き替えに「子」は、「親」が年老いたら面倒を見て、「親」が亡くなったら「親」の菩提《ぼだい》を弔う、というものが一般的である。このため「親子契約」の語は、主に譲状《ゆずりじょう》（財産を譲渡する時に、譲渡者が作成して被譲渡者に与える譲渡証明書）に「親子之《の》契を成す」「父子之契約を成す」といった形で登場する。これは、□□と親子契約を結んだので、○○を□□に譲る、という内容の譲状だ。こうした譲状を当時「親子契約之譲状」と呼んだ。

鎌倉初期に成立したとされる文例集『雑筆要集《ざっぴつようしゅう》』には譲状の定型文が載せられており、その文面には「父子之約束あるにより」なる理由で「私領田畠《しりょうでんぱく》山林等」の財産を譲渡する、とある。マニュアル本に「親子契約之譲状」の例が記載されているぐらいだから、「親子契約之譲状」が鎌倉時代の社会で広く用いられていたと見てよいだろう。

「親子契約之譲状」と中世的「家」

現存する史料を見る限りでは、公家社会では十二世紀前半から「親子契約之譲状」が作られるようになったと推定される。この時期は学界では中世初期と言われる時代である。

いつから中世が始まるのか。古代と中世を分かつものは何か。色々な基準が考えられるが、一つ重要なポイントは嫡継承される「家」の成立である。すなわち、経営体としての

「家」の成立をもって中世の始まりと評価する見解が一般的であり、私もこれに従う。

嫡継承される「家」とは、それに付随する財産や政治的地位と共に、父親から嫡男へと引き継がれる「家」のことである。「子が親の家を継ぐなんて当たり前じゃないか」と思うかもしれないが、そのような意味での「家」の成立は十二世紀前半になってからのことなのである。

九〜十一世紀の、いわゆる「摂関政治」の時代においては、摂政や関白の地位は父から子へと譲られるものではなく、藤原北家《ふじわらほっけ》という父系親族集団の中での激しい権力闘争を勝ち抜いた者が就任した。このため、たとえば十世紀後半には、摂政藤原実頼《さねより》→摂政藤原伊尹《これただ》（実頼の甥）→関白藤原兼通《かねみち》（伊尹の弟）→関白藤原頼忠《よりただ》（兼通の従兄弟）→摂政藤原兼家《かねいえ》（兼通の弟、道長《みちなが》の父）→関白藤原道隆《みちたか》（兼家の子）→関白藤原道兼《みちかね》（道隆の弟、道長の兄）、といった形で摂政・関白はコロコロと入れ替わり、親子間での継承はほとんど見られない。基本的には、自分の妹や娘が生んだ皇子を即位させることで摂関の地位に就くことができるのである。つまり外戚（天皇の母親の父兄）としての立場に基づく摂関就任である。

こうした事情は天皇の側も同様であって、どの皇子が次の天皇・次の東宮《とうぐう》（皇太子）になるかは有力な外戚によって決定された。よって十世紀後半には、冷泉《れいぜい》天皇→円融《えんゆう》天皇（冷泉の弟）→花山《かざん》天皇（冷泉の子、円融の甥）→一条《いちじょう》天皇（円融の子、花山の従兄弟）→三《さん》条天皇《じょう》（花山の弟、一条の従兄弟）と激しく変転し、親子間での継承は見られない。藤原氏内部の権力闘争の影響で冷泉系と円融系が並立したのである。

しかし十二世紀以降、状況は一変する。天皇は自分の皇子に譲位し、父院としての立場から政治を行った。これが「院政」である。父から子へと天皇の地位が譲られることで、嫡継承される天皇の「家」が成立する。学界では、これを「王家《おうけ》」（天皇家）と呼んでいる。

摂関の地位も、天皇の外戚かどうかということと関係なく、嫡男が父親から継承するようになる。要するに、摂関の子が次の摂関になるという直系相続に変化したのである。

ここに、摂関を継承する家である「摂関家」が成立するのである。このような嫡系＝直系によって継承される「家」を、高橋秀樹《たかはしひでき》氏は「中世的「家」」と命名している。

なお、嫡男とは、もともとは正妻の長男のことだが、中世社会では古代と異なり、次男以下であっても父祖に選ばれれば「嫡子」として「家」を継ぐことができた。相続において直系尊属（父や祖父）の意思が最優先されることが中世的「家」の最大の特徴である。

この時代、王家も摂関家も、その下の無数の中世的「家」も、おのおの特定の政治的役割を担った。これにより「家」は永続的な経営が求められるようになった。そのためには、家産を維持拡大していくこと、さらに跡継ぎ＝次期当主を確保することが不可欠である。

もし実子がいなければ、よそから連れてきてでも「家」を相続してもらわなければならない。かくして親子契約の必要性が生じるのである。

このように「親子契約之譲状」と中世的「家」は密接な関係にある。中世的「家」の成立こそが「親子契約之譲状」の登場の前提なのである。その意味で親子契約は中世社会の産物と言えるだろう。

養子との違い

右の説明からは、当然、次のような疑問が浮かんでくるだろう。「親子契約って、要は養子のことなんじゃないの?」と。

実の子ではない人間が「家」を相続するという点では、確かに養子も親子契約も同じである。その上、「家」の継承を目的とする養子が出現するのも十二世紀前半からであり、養子と親子契約は同時期に発生したと考えられる。養子と親子契約は非常に似通っており、実際、この二つを混同している事例も見られる。だが、両者には違いも存在する。

第一に、愛情の多寡である。中世においては(現代もそうだろうが)、弟や甥などの近親者を養子として跡を継がせることが多い。そうでない場合でも、養子が養父母に対して孝行を尽くしていたり、養子が幼少の頃から養父母に養育されていたりと、養親と養子との関係は実の親子関係に劣らぬ愛情によって結ばれている。

それに比べると、親子契約における「親」と「子」の関係はかなりドライである。源義賢・頼賢のように兄弟で親子契約を結ぶこともあるが、全く血縁関係のない者同士が親子契約を結ぶことも少なくない。何しろ、「子」の方が「親」よりも、ずっと年上のケースすらあるのだ。

このようなことが起こるのは、親子契約が愛情よりも利害の一致によって結ばれるビジネスライクなものだからである。たとえば、窮状にある人間が有力者と親子契約を結んで「親」となり、自らの財産を「子」となった有力者に譲渡するかわりに有力者の庇護を受ける、というパターンがしばしば見られる。「親」が「子」に財産を譲り、「子」が「親」の世話をする、という双務契約である以上、確かに親子契約の範疇に入るが、実質的には「親」が「子」の支配下に入るようなものである。

第二に、関係解消の難易である。中世においては、養子と養親との関係は強固なものである。いったん養子を取って後継者に指名すると、たとえ後で実子が誕生して実子に家督を譲りたいと思っても、何の落ち度もない養子を追い出すことは難しい。実子を新たな後継者にすることができたとしても、養子に相応の補償が必要になる。だからこそ豊臣秀吉《とよとみひでよし》は実子の拾丸《ひろい》(後の豊臣秀頼《ひでより》)を確実に自分の後継者とするために、養子の豊臣秀次《ひでつぐ》に謀叛の疑いをかけて葬り去らねばならなかったのである。

これに対し、親子契約では、実子が生まれた場合の契約見直しが最初から取り決められていたりする。また、契約内容の不履行があった場合、つまり約束を破った場合は、契約を解除するという条項が入っていることもある。お互いが契約に基づいて、義務を果たす限りにおいて、二人は「親子」なのであって、契約違反は即、「親子」関係の消滅につながるのである。

以上の違いから、養子と親子契約を同一視することはできない。親子契約によって出現した「子」を、養子の一種とみなすこともできなくはないが、少なくとも一般的な養子とは明確に異なる存在として把握すべきだろう。

とはいえ、親子契約を〝冷たい〟人間関係とのみ理解するのは正しくない。そもそも親子契約は、〈財産譲渡と保護の交換〉という露骨な利害関係をオブラートに包むための工夫だと考えられるからである。ドライな結びつきをウエットな擬制的親子関係でくるむことで体裁を整える。その意義を軽視してはならないだろう。

兄弟契約

笠松宏至氏は親子契約の〝冷たい〟側面に着目して、「親子の約束」は究極的には「どちらが「親」であり「子」であってもかまわなかったのかもしれない」と述べている。しかし、親子契約が基本的に財産・地位の譲渡―家督相続と連動している以上、譲渡者が「親」であり相続者が「子」であるという親子の区別は、はっきりとしている。

これに対し、より水平的な関係と思われるのが、兄弟契約である。兄弟契約とは、実の兄弟でない二人が擬制的な「兄弟」となることを定めた契約である。兄弟契約は親子契約より遅れて、鎌倉後期に成立したと見られる。兄弟契約は、成立当初こそ親子契約と同じように財産相続との関係で締結されていたが、その後、相続とは関わりなく相互協力のために結ばれるようになった。

このような説明を聞くと、兄弟契約とは「義兄弟の契り」のことではないか、と思うかもしれないが、両者は微妙に異なる。三国志の桃園の誓いがそうであるように（また現代の暴力団の兄貴―舎弟関係がそうであるように）、義兄弟の契りでは、どちらが兄でどちらが弟かという上下関係を明確に決めるのが一般的である。

けれども、中世の兄弟契約では、どちらが兄でどちらが弟と明示している実例は見当たらない。契約状に「兄弟の契約を申す」とか「兄弟契約を申し候」と記すだけである。兄弟契約を結んだ両者は、形式的には対等な存在として位置づけられるのである。この点が、親子契約と兄弟契約の最大の相違点と言えるだろう。

そして、他人同士の二人が対等な関係で助け合いを誓うという点で、兄弟契約と一対一の一揆契約は非常に近しいのである。

一揆は「無縁」か?

中世一揆研究の第一人者である勝俣鎮夫《かつまたしずお》氏は、一揆の結合原理は「無縁《むえん》」であると主張した。一揆メンバーは、一揆に参加するにあたって、それぞれが血縁・地縁・主従の縁など諸々の「縁」を断ち切った。彼らは「無縁の場」という非日常的な空間を自ら創出することによって、はじめて「縁」を超越した「共同の場」である一揆を形成し、個々のメンバーの平等性と自立性を確保することができたのだという。この〝縁切り〟のための儀式として勝俣氏が重視したのが、例の「一味神水」なのである。

第三章で論じたように、前近代社会は身分制社会であるから、一揆メンバーが日常生活における様々な「縁」に縛られている限り、自由で平等な関係は実現しない。一揆契状に「親子・兄弟・叔父甥の関係だとしても特別扱いしない」「兄弟・叔父・甥・従兄弟、その他の一族に一大事が発生した場合でも、一揆メンバーの御大事を優先する」といった規定がしばしば見られるのは、そのためである。この点で勝俣説は真理の一面を衝《つ》いており、「無縁」論が学界の定説となったのも故無きことではない。

だが、おのおのが自らにまとわりつく「縁」を切ったからといって、「縁」を切った者同士がそのまま「一味同心」できるわけではない。今までの「縁」を切断することと、そこから新しい人間関係を築くこととは、異なる段階の問題である。

社会史研究では、この問題に対する答えとして、信仰の力を想定していた。「一味神水」という神秘体験を通じて、神と一体化した、もしくは神に変身したという意識を各人が共有することで、一揆としての結束が生まれた、というわけだ。

しかし、ここまでの章で述べてきたように、「一味神水」の神秘性を過大に評価すべきではない。私が思うに、どうも「無縁」論は、「神への信仰によって人々が平等になる」という理屈が先行しているようだ。「神の前では人間、みな平等」という発想は現代人にはとっつきやすいものだが、残念ながら史料的に証明されているとは言いがたい。

おそらく勝俣氏は、キリスト教の宗教改革から着想を得て「無縁」論を提唱したのだろう。マルティン・ルターやジャン・カルヴァンの宗教改革に端を発するプロテスタンティズムが広めた「神の下の平等」という観念が、「生まれながらに人間は平等である」という人権思想の基盤になった、という指摘は古くからなされている。

けれども、キリスト教の全知全能の神と、日本の八百万《やおよろず》の神は明らかに別物であり、日本中世の一揆に伝統的な身分制を打破するような凄まじい宗教的熱狂を期待するのは、お門違いである。西洋史の「常識」をそのまま日本史に転用することはできないのだ。一揆の本質は、呪術的な〈神への誓約〉ではなく現実的な〈人と人との契約〉であるというところに存在する。だとすれば、一揆の結合原理を、一揆契約と兄弟契約の類似性という事実を出発点にして、考察する必要があるだろう。

一揆の中の「縁」

そのような観点に立つと、以下の事例はたいへん興味深い。伊勢国一志郡小倭郷《いせのくにいちしおやまと》（現在の三重県津市白山町・一志町）の中心寺院で、現在も白山町上ノ村に所在する成願寺《じょうがんじ》には「成願寺文書」という文書群が保存されている。その中には明応《めいおう》三年（一四九四）に小倭郷内の武士たちが成願寺の開山《かいさん》（初代住職）である真盛上人《しんせいしょうにん》に差し出した一揆契状がある。

この一揆契状の第一条には、

このグループの中で万一、裁判沙汰が起こった時は、一家中として、客観公平に裁定すべきである。仮に親子兄弟が訴訟当事者であったとしても、裁判でえこひいきしてはならない。

（此人数之中に於いて、自然公事出来《くじしゅつたい》之儀これあらば、一家中として、理非に任せ裁許あるべ

し、縦《たと》い親子兄弟たりと雖《いえど》も、贔屓偏頗《ひいきへんぱ》あるべからざる事）

とある。親子兄弟といった「縁」にとらわれることなく、自主性と平等性を重んじるという考え方は、まさに「無縁」と言える。しかし一方で、この一揆が「一家中」という擬制的な「家」の形態をとっていることも判明する。

しかも、この一揆契状の第五条は、

このグループの中では、メンバーは互いに水と魚のように仲良くし、親子兄弟の契りを結ぶべきである。このグループの子孫も、この取り決めを守るべきである。

（此連衆《れんじゅ》に於いては、互いに水魚《すいぎょ》の思を成し、親子兄弟の芳契を存ずべし、此衆中の子孫に於いて此旨を守るべきなり）

というものである。一揆結成のために、それぞれ親子兄弟の「縁」を断ち切った人々は、彼ら自身の中に擬制的な「親子兄弟」を構成したのである。

こうした親子兄弟の契りを内包した一揆契状は右に掲げた事例だけではない。しばしば一揆契状には「親子の思いを成す」「兄弟の思いを成す」「親子兄弟の思いを成す」といった表現が見受けられる。

一揆契状の決まり文句である「水魚の思いを成す」「一味同心の思いを成す」は、従来、神への信仰心によって諸々の「縁」＝身分制から解き放たれた者たちの精神的連帯と解釈されてきた。言い換えるならば、自由で平等な、まるで「市民革命」を成し遂げた「近代的個人」のような人々の集団として、一揆を理解していたのである。

要するに、マルクス流の「唯物史観」をしりぞけて宗教的側面を重視した勝俣「無縁」論も、一揆に自由と平等、個人の尊厳、さらには身分制を突き崩す革命的な要素を求めるという根っこの部分では、「階級闘争史観」とつながっているのだ。

だが一揆の「一味同心」とは、そのような抽象的・理念的なものではなく、赤の他人との間に実の親子兄弟同然の親密な関係＝絆を築くことを意味しているのではないだろうか。「無縁」の産物として語られることの多い一揆であるが、実はその根底に、擬制的な親子兄弟という「縁」を秘めているのである。

一揆の結成は、神仏の前での「無縁」空間の創出というより、旧来の「縁」をいったん切断した上で新たな「縁」を生み出す行為、と把握すべきだろう。

起請文形式であることの意味

一揆の結束が必ずしも神罰によって担保されているのではないとすると、一揆契状が起請文形式をとるのは、なぜだろうか。

この問題の答えを得るには、中世社会における「契約状」の位置を理解しておく必要がある。契約状という文書は、もちろん一定の法的拘束力を有するものだが、現代社会における「契約書」ほどの重みを持っているわけではない。

たとえば、財産譲渡を行う際に作成する文書（現代風に言えば「譲渡契約書」）は契約状ではなく譲状である。だから親子契約に基づく財産譲渡の場合も親子契約状ではなく、「親子契約之譲状」が作られる。また、現代で言うところの「売却契約」を行う場合も契約状ではなく「売券《ばいけん》」という名の文書が作成される。「和解契約」も「和与状《わよじょう》」という文書で結ばれる。

笠松宏至氏は、中世において売買や譲与や和与が広義の契約として捉えられていたと断った上で、契約状という形で締結される「契約」（狭義の契約）が、売買・譲与・去渡《さりわたし》・和与などの正統的な法的行為からはみだしたスキマを埋めるためのものであり、「契約（状）は、中世のオモテの法秩序の世界では、見劣りのする日影者的存在でしかなかった」と説いた。

要するに、売券・譲状・去状（権利放棄の証明書）・和与状など正式の文書では表現できないイレギュラーな契約を結ぶ時に契約状という文書様式が選択されたのである。このため、日本中世の裁判では、契約状は証拠能力の低い文書として軽く扱われた。契約状はあくまで当事者同士の口約束を補完する程度の私的な文書であり、訴訟の場に持ち出すような正式の文書ではなかったのである。

これに対し、起請文は証拠能力の高い公的な文書であり、中世の裁判では起請文による立証が広く行われた。たとえば鎌倉幕府の法廷では、偽証の防止のため、証人は「起請之《きしょうの》詞《ことば》」＝神文を付した文書の提出が求められた。現代の裁判における「宣誓」と同じようなものである。中世社会における起請文の発達は、訴訟制度における証拠法の発達と不可分の関係にあり、必ずしもおどろおどろしく利用されていたわけではない。

一揆契約が、ただの契約状ではなく、神文を備えた契約状によって締結された理由は、ここにある。全幅の信頼を置きにくい赤の他人と、実の親子兄弟と同等の絆を築くためには、契約状という内輪で用いられる日影者的な文書ではなく、正統的な文書が必要とされた。それが、契約状と起請文の合体形である契約起請文であったと私は考える。

なお、神文つきの契約状によって結ばれた、証拠能力の高い特別な契約を、中世の人々は「起請契約」と呼んだ（本章冒頭を参照）。その意味で、一揆契約などの起請契約は、神への誓い＝呪術的行為というより、むしろ現代の契約に近い法的行為と言えるだろう。

一揆契約が築く新たな絆

本章で論証したように、一揆契約は親子契約・兄弟契約の延長上に位置づけられる。したがって一揆の本質は、呪術的な〈神への誓約〉ではなく現実的な〈人と人との契約〉という点に存在する。

実の親子・兄弟に匹敵する絆を他人とつくる際に「契約」が必要である、という日本中世の常識は、現代の日本人にとっては奇異に感じられるかもしれない。何せ私たちは「契約」と聞くと、無機質、冷たい、堅苦しいといった、ネガティヴなイメージを抱きがちだからだ。おそらく、客観的な規則よりも主観的な「和」を重視するといわれる日本人の文化的傾向ゆえだろう。

しかし日本人の「和」の精神とは、果たして手放しで賞賛できるものなのだろうか。実のところ、「義理」「人情」など、明文化されていない暗黙のルールに縛られる「ムラ社会」の方が息苦しい場合すらあるのだ。

たとえば、ノルマを達成できなければ容赦なく解雇される欧米の企業と違って、日本の企業は大家族主義で温かみがある、という見方が一般にある（もちろん日本企業の終身雇用は崩れつつあるが、依然として欧米との差は大きい）。しかし日本の企業は「窓際族」の面倒をみる反面、時間外労働=「サービス残業」を「他のみんなもやっている」という同調圧力によって社員に強いる。職務内容が契約書で明確に規定されていて、たとえ他の人がどんなに忙しく働いていても自分の仕事や勤務時間が終わったら遠慮なく退社してよい欧米型はドライだが合理的である。

フェイスブックは友人との気軽な親交のためのツールだが、個人認証を含め利用規約は厳格である。偽名を使う、他人になりすます、迷惑行為をする、などの規約違反を行った者は排除される。だからこそ人々は安心して個人情報をオープンにする。契約と友好は矛盾しないのである。フェイスブックが生みだした新しい「人のつながり」の形は、ルールを基盤にすることで成り立っている。

同様のことは、最近日本で流行している「シェアハウス」にも言える。「シェアハウス」とは、欧米由来の、赤の他人同士が共同して一つの家に住むスタイルのことで、各自が一部屋を借りて暮らし、居間や台所などを共有する。いうなれば「ルームシェア」の拡大版である。近年、若者の貧困化の影響もあってか（家賃や生活費の節約）、シェアハウスに住む二十歳～三十歳代の男女が増えて一種の社会現象と化した。シェアハウスを舞台にしたリアリティ番組「テラスハウス」（二〇一四年九月放送終了）も記憶に新しい。東大周辺でも昔ながらの学生下宿が減る一方、シェアハウスが増え、大学構内でチラシをよく見かける。中には芸大院生女子&東大院生女子専用、なんてところもある。

こうした「疑似家族」は、傍から見ていると気楽そうだが、他人同士が同居する以上、ルールの厳守が求められる。学生寮や社員寮と違って、社会的立場や生活様式が大きく異なる人たちが集まることもあるので、余計にルールは大事だ。

実は私の友人もシェアハウスのような所に住んでいるが、キッチンや冷蔵庫、シャワー室、洗濯機などが共用であるだけに、利用のルール（ハウスルール）を守らないとトラブルの因《もと》になるらしい。私などは、メイドカフェで働いている女の子とかと「ひとつ屋根の下」で暮らすなんて実にウラヤマシイ話だな、と聞いていて思ったものだが、それはそれで結構気を使うんだそうだ。たとえば……まあ、そんなことは本書のテーマとは関係ないので省略する。ともかく、円滑な交友のためにこそ、ルールは必要なのである。

これまでの章でも述べてきたように、日本中世は危機の時代、変化の時代であった。特に南北朝時代以降は、先の見えない不安な社会の中で、人々は生きなければならなかった。その時、彼らは従来のような〝なあなあ〟の馴《な》れ合いではなく、一揆契約による新たな絆を求めた。

南北朝内乱期、肥後《ひご》（現在の熊本県）の武士である相良前頼《さがらさきより》・氏頼《うじより》兄弟は、一族に対して送った一揆契状の中で「あなた方とは父の代から仲良くやってきたので、契状なんか作る必要はないとは思ったけれど、今の世の中は昨日と今日で変わってしまう有様だから、こうやってしっかりと契約を結ぶことにした」と語っている（相良家文書）。非常時においては、既存の親和・協調関係では役に立たない、という相良氏の指摘は重い。もとから存在する親子兄弟の情にすがるのではなく、「契約」によって新たな人間関係を創出することで、中世人は危機を乗り越えていこうとしたのである。

この事実を踏まえて、現代日本の「人のつながり」をどう構想するか。もとより中世社会と現代社会とでは、前提となる社会状況が大きく異なるから、〈むかし〉の成功例をそのまま〈いま〉に適用することはできない。とはいえ前章でも論じたように、人間関係の根本は、いつの時代でも、それほど変わらない。考えるための材料は多ければ多いほど望ましいのであって、日本中世の一揆のあり方は一つのヒントになり得るだろう。そのあたりのことを、終章では述べてみたい。

終章

「一揆の時代」ふたたび

「百姓一揆」化する脱原発デモ

東日本大震災とそれに伴う福島原発事故は、日本社会の脆弱性を露わにした。その結果、政治思想の左右を問わず、「日本はこのままではいけない。変わらなくては！」という気分が日本全体に充満した。

脱原発デモもそうした流れの一つだったのだろうが、政府や東電の拙劣な事故対応、そして原発事故後の居丈高な姿勢にもかかわらず、大きなうねりにならないまま収束しつつある。国民の間で「原子力ムラ」への不信感、原発への否定的感情が広がっているのは間違いないだろうが、そうした気持ちが脱原発デモという行動には結びついていないのだ。

それゆえに「近頃の若者は政治に無関心でけしからん！」「中東では若者たちが革命を起こしたのに、なぜ日本の若者は悪政に抗議しようとしないのか？」みたいな老人の繰り言が登場したわけだが、おそらく問題の本質はそこにはない。デモがイマイチ盛り上がらない理由は色々と考えられるが、その一つとして、脱原発デモも戦後日本の諸々のデモと同様に、結局は「百姓一揆」の域を出ていない、ということが挙げられるだろう。

本書でも詳しく述べたように、百姓一揆とは、「武士は百姓の生活がきちんと成り立つようによい政治を行う義務がある」という「御百姓意識」に基づく待遇改善要求であるから、既存の社会秩序を否定するものではない。それどころか百姓たちに〝政治参加〟の意思は、これっぽっちもないのだ。新進気鋭の日本近代史研究者である與那覇潤《よなはじゅん》氏は、百姓一揆を「政治はすべて武士にお任せ、ただし増税だけは一切拒否」と評しているが、言い得て妙である。つまり百姓は〝お客様〟感覚で、幕府や藩といった「お上」のサービスの悪さにクレームをつけているだけなのだ。

與那覇氏は戦後の革新政党を百姓一揆にたとえているが、このノリで分析してみると、脱原発デモも百姓一揆の系譜を引くと言えるだろう。反核団体や労組関係者のグループなど既成の革新系組織が指導的役割を担っているからか、政府を糾弾して事足れりとする「万年野党」的なメンタリティが見え隠れする（本書で論じたように、土一揆や百姓一揆の場合も、既存の社会秩序に沿う形で形成された中核組織が人々を動員している）。

脱原発を唱える場合、代替エネルギーをどうするかという問題（節電を含む）は避けては通れないはずだが、脱原発デモにおいて、現実的・具体的な解決策が提示されることはない。たぶん彼らは「それは政府が考えることだ」とでも思っているのだろう。

話がそれるが、原発再稼働に反対する脱原発派の中には「現実に原発なしでも何とか電気は足りているじゃないか」と主張する人もいる。だがそれは、自主的な節電や再生可能エネルギーの普及のおかげではなく、老朽化した火力発電所を「再稼働」したからだ。原発をなくすためなら、大気汚染や地球温暖化がどれだけ進んでも構わないというのだろうか。残念ながら、リスクゼロのバラ色の選択肢など存在しないのだ。

脱原発じたいを否定する気はないし、国民感情を考慮すれば「原発推進」は不可能だと思う。しかし、脱原発は冷静かつ客観的な議論を通じて段階的に実現されるべきもので、長期的な展望がないままデモの圧力によって「原発全基即時廃炉」を政府に強要するという「百姓一揆」的、「強訴《ごうそ》」的な方法は好ましくない。というか、多くの人が既に「無責任な政府に目標だけ示して「あとはよろしく」と丸投げするのも無責任だ」と気づいているからこそ、「脱原発感情」が「脱原発デモ」に結びつかないのだろう。

「強訴」を超えて

さらに言えば、デモ（強訴）という形式そのものが、現代の日本社会において有効性を失いつつあるのではないか。前近代の日本社会や現代の独裁国家においては、民意を政治に反映させる仕組みが他にないため、デモにもそれなりの意義がある。だが投票どころか選挙に立候補することさえ可能な現代の日本では、おのずとデモの効用は限定されざるを得ない。

現代の日本で革命や大規模デモが発生する可能性は極めて低く、万が一発生したところで、それによって財政問題や貧困問題など諸々の社会問題がたちどころに解決するとも思えない。古市憲寿《ふるいちのりとし》氏が主張するように、社会を変えることが目的ならば、デモやパレードを行うより、地方議員や社会的起業家、NGOの一員にでもなった方が手っ取り早い。

特に、既存の組織（左翼系だけでなく、自衛隊の国軍化や核保有を唱える保守系・右翼系の団体も含む）が大衆を扇動するような形の古いタイプのデモには限界があるだろう。マスコミ報道では、ニュース価値を高めるためか、脱原発デモに家族連れや若者などの「普通の市民」が数多く参加していることが強調されているが、実際には全学連などの既存組織も参加している。二〇一二年七月二十九日の「脱原発国会包囲」デモに参加した東京新聞論説副主幹の長谷川幸洋《はせがわゆきひろ》氏は自身のツイッターにおいて、普通の人々が結集した脱原発デモの意義を力説する一方で、デモを政治的に利用しようとする一部の過激分子がデモを先鋭化させる可能性を危惧している。「普通の若者」による安保法制反対運動であることを強調するSEALDsに関しても、同様の懸念はぬぐえない。

開沼《かいぬま》博《ひろし》氏が既に述べていることだが、四〇年間反原発運動をやってきて具体的な成果を出せなかった（福島原発事故前に原発を止めることができなかった）団体に多くを期待することはできない。なぜなら、彼らにとって本来は手段であったはずの運動じたいが、いつの間にか目的化してしまっているからだ。いわゆる「運動のための運動」である。仮に希望を託すとしたら、それは既成の団体ではなく新しい連帯だと思う。中東のフェイスブック革命も、かつての安保闘争も、若者が主体となっていたからこそ勢いがあった。ひまわり学生運動の成功も、党派色の薄い学生グループが中心となり、社会運動団体やボランティア団体などが勝手連的に加わったという自由闊達さに負うところが大きい。

とはいえ、デモに特定の主催団体やリーダーがいない場合、無秩序化する恐れもある。二〇一一年九月にアメリカのウォール街周辺を占拠したことから始まった、いわゆる「ウォール街占拠デモ」は、ツイッターやフェイスブックを通じて集まった、ごく普通の若者を中心とした格差社会反対デモで、「運動一筋！」的な市民団体が主導したものではない。大量動員型の社会運動にありがちな、上部組織から下部組織に指令を下すといった官僚制的な組織構造は見られず、ゆるやかなネットワーク、相互交通的な交流によって人々は結ばれていた。いわゆる「新しい社会運動」の系譜に属すると言えるだろう。

そのため、参加者の政治的主張は多様であり、それゆえに統一的・具体的な要求が明確に提示されることはなかった。「具体的な目標を掲げないところが新しい」という意見もあったが、占拠が長期化するにつれてゴミ問題や騒音問題も発生し、結局は数カ月で収束に向かった。ここに「反ヒエラルキー構造」ゆえの弱さが垣間見える。

ただ、ネット上でのデモへの言及は多く、デモ本体の直接的効果よりも、デモによって世論が喚起され、人々がソーシャルメディアを通じて格差問題について盛んに議論するという波及的効果の方が大きかったと言える。したがって、少なくとも先進国においては、大勢の人々が一カ所に集まってシュプレヒコールする、といった旧来のやり方にこだわる必要はなく、新しい社会変革の方法を模索していくべきだろう。

私たちにできること

ヨーロッパの市民革命の起源として市民の文化的な交流があったことは、ユルゲン・ハーバーマスの研究以降、広く知られている事実である。俗に言う「フランス革命は、パリのカフェから始まった」というやつだ。そこでは、革命家が大衆を鼓舞し、政治的に指導するというステレオタイプな革命像が相対化されている。

東島誠《ひがしじままこと》氏は、「高邁《こうまい》な思想、思想家が社会を変えるのではなく、社会的な結集極、人と人との〈つなぎ目〉の再組織化こそが社会を変えていくのだ」という〈市民的公共圏〉の考え方は今日においてこそ有効であると説いている。実際、最近はお祭り気分で楽しく参加できることを前面に打ち出した「文化」的な運動が日本でも増えている。ひまわり学生運動への取材記事にも「学園祭のような底抜けの明るさとユーモア」という評価が見られた。そしてソーシャルメディアを介した人々の意見交換も、党派性を排し自由な言論を保証する場合には、ある種の「文化」的な運動と評価できるだろう。

体制打倒のために民衆が決起する革命運動として一揆を捉える限り、中世一揆研究が現代の日本社会と切り結ぶことはない。極論すれば、私たちと関わりのない、昔むかしの出来事を趣味として調べているだけ、ということになる。けれども、日本中世の一揆の原点が一対一の「人のつながり」にあるという事実に注目すれば、まだ「一揆の思想」には将来性が残されていることに気づくだろう。

かつて勝俣鎮夫《かつまたしずお》氏は、一揆を「民族の体質に深く根ざし」たものと考え、一揆を通じて「日本の歴史の基層に生きつづけた集団心性を掘りおこ」そうとした。国民国家論の成果を踏まえると、「われわれ日本人は」と軽々しく言ったり「民族固有の精神」なるものを安易に想定したりすることは今や慎まねばならない。しかしながら、「一揆の思想」が現代的意義を持つという一点において、私は勝俣氏に同意する。

中世人にできたことが、私たちにできないはずはない。こう信じることぐらいは、きっと許されるだろう。

参考文献

※増補版・文庫版といった形で何度かリニューアルされている本については、基本的に最新の書誌を掲載している。論文も初出時ではなく最新の収録媒体を提示している。副題は省略した。

全体に関わるもの

青木美智男・入間田宣夫・佐藤和彦ほか編『一揆』全五巻、東京大学出版会、一九八一年
網野善彦『[増補]無縁・公界・楽』平凡社、一九九六年
勝俣鎮夫『戦国法成立史論』東京大学出版会、一九七九年
勝俣鎮夫『一揆』岩波書店、一九八二年
神田千里『土一揆の時代』吉川弘文館、二〇〇四年
神田千里『戦国時代の自力と秩序』吉川弘文館、二〇一三年
久留島典子『日本の歴史13　一揆と戦国大名』講談社、二〇〇九年
久留島典子『一揆の世界と法』山川出版社、二〇一一年
呉座勇一『日本中世の領主一揆』思文閣出版、二〇一四年
峰岸純夫『中世社会の一揆と宗教』東京大学出版会、二〇〇八年

はじめに

NHKスペシャル取材班編『無縁社会』文藝春秋、二〇一二年
濱口桂一郎『新しい労働社会』岩波書店、二〇〇九年
古市憲寿『絶望の国の幸福な若者たち』講談社、二〇一五年
渡辺京二『日本近世の起源』洋泉社、二〇一一年

第一章

安藤優一郎「百姓一揆における鉄砲相互不使用原則の崩壊」(『歴史学研究』七一三号)四・五頁
磯田道史『武士の家計簿』新潮社、二〇〇三年
須田努「語られる手段としての暴力」(『歴史学研究』八〇七号)九一～九五頁
服部英雄ほか編『原城と島原の乱』新人物往来社、二〇〇八年
深谷克己『百姓成立』塙書房、一九九三年
藤木久志『刀狩り』岩波書店、二〇〇五年
保坂智「百姓一揆と暴力」(『歴史評論』六八八号)四頁
松田之利「新政反対一揆」(青木美智男・入間田宣夫・佐藤和彦ほか編『一揆2　一揆の歴史』東京大学出版会、一九八一年)三三九頁
藪田貫『国訴と百姓一揆の研究』校倉書房、一九九二年

第二章
伊藤俊一『室町期荘園制の研究』塙書房、二〇一〇年
笠松宏至『日本中世法史論』東京大学出版会、一九七九年
川合康『日本中世の歴史3　源平の内乱と公武政権』吉川弘文館、二〇〇九年
神田千里『島原の乱』中央公論新社、二〇〇五年
桜井英治『日本の歴史12　室町人の精神』講談社、二〇〇九年
佐藤和彦『日本中世の内乱と民衆運動』校倉書房、一九九六年
清水克行『室町社会の騒擾と秩序』吉川弘文館、二〇〇四年
美川圭『白河法皇』角川学芸出版、二〇一三年

第三章
大塚紀弘「中世僧侶集団の内部規範」（村井章介編『「人のつながり」の中世』山川出版社、二〇〇八年）八三・八四頁
佐藤弘夫『起請文の精神史』講談社、二〇〇六年
下向井龍彦『日本の歴史7　武士の成長と院政』講談社、二〇〇九年
平雅行『日本中世の社会と仏教』塙書房、一九九二年
義江彰夫『神仏習合』岩波書店、一九九六年

第四章
酒井紀美『中世のうわさ』吉川弘文館、一九九七年
桜井英治『贈与の歴史学』中央公論新社、二〇一一年
酒匂由紀子「戦国期京都の「土倉」と大森一族」(『日本史研究』六二五号)
清水克行『大飢饉、室町社会を襲う!』吉川弘文館、二〇〇八年
鶴崎裕雄「東海地方国人一揆の諸様相」(有光友學編『戦国期権力と地域社会』吉川弘文館、一九八六年)一三七〜一四一頁
藤木久志『飢餓と戦争の戦国を行く』朝日新聞社、二〇〇一年
保坂智『百姓一揆とその作法』吉川弘文館、二〇〇二年
松岡心平「連歌を通してみた一揆の時代」(榎原雅治編『日本の時代史11 一揆の時代』吉川弘文館、二〇〇三年)二八一〜二九三頁
安田次郎「大和国東山内一揆」(村田修三編『戦国大名論集5 近畿大名の研究』吉川弘文館、一九八六年)三六一〜三六九頁

第五章
黒田日出男「中世民衆の皮膚感覚と恐怖」(大石直正・柳原敏昭編『展望日本歴史9 中世社会の成立』東京堂出版、二〇〇一年)三七八頁
佐藤和彦『中世の一揆と民衆世界』東京堂出版、二〇〇五年

佐藤雄基『日本中世初期の文書と訴訟』山川出版社、二〇一二年
清水克行『日本神判史』中央公論新社、二〇一〇年
千々和到「「誓約の場」の再発見」（大石直正・柳原敏昭編『展望日本歴史9　中世社会の成立』東京堂出版、二〇〇一年）二九二・二九九頁
山本七平『「空気」の研究』文藝春秋、一九八三年

第六章

石井進「家訓・置文・一揆契状」（石井進ほか編『中世政治社会思想』上巻、岩波書店、一九九四年）
石母田正『平家物語』岩波書店、一九五七年
今谷明『土民嗷々』東京創元社、二〇〇一年
入間田宣夫『百姓申状と起請文の世界』東京大学出版会、一九八六年
筧雅博「饗応と賄」（朝尾直弘ほか編『日本の社会史・第4巻　負担と贈与』岩波書店、一九八六年）二二九・二三〇頁
川添昭二『新装版・今川了俊』吉川弘文館、一九八八年
岸田裕之『大名領国の構成的展開』吉川弘文館、一九八三年
衣川仁『僧兵＝祈りと暴力の力』講談社、二〇一〇年
小林一岳『日本中世の一揆と戦争』校倉書房、二〇〇一年

酒井紀美『日本中世の在地社会』吉川弘文館、一九九九年
中村吉治『土一揆研究』校倉書房、一九七四年
服部英雄「相良氏と南九州国人一揆」(『歴史学研究』五一四号)二九頁
藤木久志『土一揆と城の戦国を行く』朝日新聞社、二〇〇六年
水谷三公『江戸は夢か』筑摩書房、二〇〇四年
日本史研究会・歴史学研究会編『山城国一揆』東京大学出版会、一九八六年

第七章

荒木和憲『中世対馬宗氏領国と朝鮮』山川出版社、二〇〇七年
石井進「家訓・置文・一揆契状」(前出)
小林一岳『日本中世の一揆と戦争』(前出)
佐藤和彦『南北朝内乱史論』東京大学出版会、一九七九年
瀬野精一郎『鎮西御家人の研究』吉川弘文館、一九七五年
田中大喜『中世武士団構造の研究』校倉書房、二〇一一年
丸島和洋『戦国大名の「外交」』講談社、二〇一三年
村井章介「南北朝の動乱」(村井章介編『日本の時代史10 南北朝の動乱』吉川弘文館、二〇〇三年)八二・八三頁
村井祐樹『戦国大名佐々木六角氏の基礎研究』思文閣出版、二〇一二年

山下祐介・開沼博『「原発避難」論』明石書店、二〇一二年
デビッド・カークパトリック著、滑川海彦・高橋信夫訳『フェイスブック　若き天才の野望』日経BP社、二〇一一年

第八章

石井進「主従の関係」(『石井進著作集・第6巻　中世社会論の地平』岩波書店、二〇〇五年)二八九・二九〇頁
笠松宏至『中世人との対話』東京大学出版会、一九九七年
勝俣鎮夫『戦国時代論』岩波書店、一九九六年
佐藤進一『新版・古文書学入門』法政大学出版局、二〇〇三年
城繁幸『若者はなぜ3年で辞めるのか?』光文社、二〇〇六年
高橋秀樹『日本中世の家と親族』吉川弘文館、一九九六年
服部良久・蔵持重裕編『紛争史の現在』高志書院、二〇一〇年
福田アジオ編『結社の世界史①　結衆・結社の日本史』山川出版社、二〇〇六年
美川圭『院政』中央公論新社、二〇〇六年
峰岸純夫「大蔵合戦と武蔵武士」(峰岸純夫監修・埼玉県立嵐山史跡の博物館編『東国武士と中世寺院』高志書院、二〇〇八年)一二・一三頁
元木泰雄『保元・平治の乱』角川学芸出版、二〇一二年

終章

開沼博『「フクシマ」論』青土社、二〇一一年
東島誠『〈つながり〉の精神史』講談社、二〇一二年
古市憲寿『絶望の国の幸福な若者たち』（前出）
安田峰俊『境界の民《マージナル・マン》』角川書店、二〇一五年
與那覇潤『中国化する日本 増補版』文藝春秋、二〇一四年

あとがき

アラブの春。二〇一〇年から二〇一一年にかけて、アラブ世界において連鎖的に発生した反政府デモや暴動を、人々はこう呼ぶ。チュニジアでのジャスミン革命をきっかけに、民主化運動は中東・北アフリカのアラブ諸国に波及し、チュニジアのベンアリ政権、エジプトのムバラク政権、リビアのカダフィ政権などの長期独裁政権が、自由と公正を求める民衆の力によって倒された――

本書の書き出しは、当初の予定では右のような文章になるはずだった。「アラブの春」が進行していた二〇一〇年末、私は日本中世の一揆をテーマとした学位請求論文（博士論文）を執筆中だった。一揆研究者の性であろうか、「アラブの春」の報道に接して、私は「二十一世紀の一揆だ」と感じた。

しかし、反政府の暴力的な民衆運動だから一揆だ、と考えたわけではない。独裁者を打倒した民衆の怒りのパワーに、私たちはついつい目を奪われがちだが、世界史レベルで考えた場合、革命それじたいはさほど珍しくない。むしろ今回の中東革命で注目すべきは、民衆を動員し反政府活動を束ねる指導者や革命組織が存在しなかったことであろう。

これまでの革命では、キューバ革命のフィデル・カストロのように、革命のシンボルとなるカリスマ指導者の存在が成功の鍵を握っていた。だからムバラク政権も「暴徒」を「煽動」している者が必ずいるはずだと思いこみ、デモの首謀者を血眼になって探した。その結果、エジプト当局に拘束されたのが、グーグル幹部のワエル・ゴニム氏であった。

ムバラク政権はデモ隊のリーダーを捕まえれば問題は解決すると考えていた。だが皮肉なことに、デモ参加者の一人にすぎなかったゴニム氏は、秘密警察に拘束されたことで反政府運動の象徴的存在となった。政権の強硬策は完全に裏目に出てしまったのだ。

では、明確な首謀者も革命組織も存在しなかったのに、なぜ大勢の人々が集結することができたのか。言うまでもなく、その答えは、本書でも言及したソーシャル・ネットワーキング・サービス（SNS）だ。

これらのソーシャルメディアはリアルタイムで無数の人々に情報が届けられるという利点を有しており、これによってデモの場所や時間などを瞬時に、広範囲に連絡することができた。また、体制側による民衆弾圧の様子を撮影し、その動画をインターネット上にある投稿サイト「ユーチューブ」にアップロードする人もおり、人々の独裁者への怒りを喚起した。このように、各参加者が個別にネットで情報を入手できるので、革命組織による連絡網は必要なかったのである。

独裁者側も途中からソーシャルメディアによる民衆の情報交換に気づき、監視・検閲を行ったりインターネット回線を遮断したりしたが、国外の人間が協力することで情報は拡散し続けた。国境を越えた人々の結びつきの前では、独裁政権の情報統制は無力だった。

こうしたインターネットを通じた民衆の連帯が中東革命の勝因の一つであったことは間違いない。このため、アラブ諸国で発生した一連の民主革命は「フェイスブック革命」「ツイッター革命」「ソーシャルメディア革命」と評価された。

しかし、ソーシャルメディアを媒介した新しい形のネットワークは、何も反政府運動の時にだけ作られるものではない。むしろ、ソーシャルメディアは私たちの日常生活を根底から変えつつある。何しろ世界最大のSNS「フェイスブック」は世界人類の一割もの人々を結びつけているのだ。国際政治情勢を一変させた「アラブの春」とて、インターネットがもたらした社会変動全体から見れば氷山の一角と言えるのではないだろうか。

フェイスブックなどのSNSの主目的は、人と人とのコミュニケーションを促進・支援することにある。私の場合、アメリカに留学中の友人と気軽に連絡を取り合うために、一年ほど前にフェイスブックに加入した。国内大手SNSのミクシィにも数年前から参加しているが、「友達の友達」という形で面識のない人たちとも知り合い、交流を続けている。

ミクシィのコミュニティで出会った人たちがネット上ではなく実際に現実世界で集う「オフ会」にも参加している。

もともとインターネットには、人と人との付き合いを活性化させる機能があるが、SNSは社会的ネットワークの構築支援に機能を特化させることで、この流れを推し進めた。SNSの出現によって、私たちは今までにない新たな人間関係を持つようになったのである。新しい「人のつながり」を生みだし、何億人もの人々のライフスタイルを変えたことにこそSNSの真の意義があり、独裁政権を倒したうんぬんは、極論すれば派生的な現象でしかない。

翻って日本を見ると、東日本大震災の影響で、多くの被災者が自宅や故郷を離れることを余儀なくされた。被災地以外の地域でも限界集落や買い物難民などの問題があり、いずれも、コミュニティを元の姿に〝復旧〟するという方向性では解決できない。家族だから、ご近所さんだから、ではなく、〝赤の他人〟とも親密な関係を築くことこそが、これからの時代には求められている。

そして、実は中世の一揆も突発的・衝動的な大衆闘争ではなく、「他人とつながる」という点に本質を持つ。新しい形の絆が必要とされている今こそ、「一揆」という言葉から暴力行為を連想する世間一般の偏見を払拭すべき時ではないか――

とまあ、そんなような話を、学位請求論文を書き終えた後、琉球史の若手ナンバーワン研究者である上里隆史《うえざとたかし》氏と一杯やっている時に、酒の勢いを借りて語った。上里氏は優しい人だから、私の与太話を笑い飛ばすどころか大げさに感心してくれて、「アカデミズムの枠を超えた面白さを感じるし、現代的意義もある議論だから、江湖に問うてはどうか」と言ってきた。今にして思えば社交辞令だったのかもしれないが、当時鬱屈した日々を過ごしていたこともあり、私はすっかり舞い上がってしまい、上里氏に頼んで氏が懇意にしている編集者を紹介してもらった。上里氏の仲介がなければ、私のような無名の研究者が本を出すことなど不可能だっただろう。まことに「人のつながり」は大切である。

ところが、なにぶん本を書いた経験がないため、私の執筆作業は遅々として進まなかった。のろのろしているうちに、新政権樹立後のエジプトやリビアの混乱が伝えられるようになり、「アラブの春」の高揚感も冷めてきてしまった。フェイスブックにしても、株式公開（ＩＰＯ）の熱狂もつかの間、二〇一二年九月現在、株価は低迷している。時事性という点では、いささか〝旬〟を過ぎてしまった観もあり、「はじめに」を大幅に書き直す仕儀とあいなった。

そもそも学界のしきたりにしたがえば、まずは博士論文を専門書として刊行し、それを基に本書のような一般書を書くべきであった。にもかかわらず順番を前後させたのは、正直に告白すると、タイムリーなうちに本書を出した方が多少なりとも反響が増えるのではないかという目算（というより淡い期待）があったからである。だが、原稿の完成が遅れに遅れ、結局タイミングを逸した刊行になってしまった。非才を恥じるばかりである。一両年のうちには、博士論文を世に出したいと考えているので、本書で展開した議論をさらに詳しく知りたいと思った方は、そちらも読んでいただければ幸いである（筆者注：二〇一四年に思文閣出版から『日本中世の領主一揆』というタイトルで刊行した）。

さて本書では、一般書という性格上、注などで出典を逐一記述することは避けた。巻末に掲げた参考文献も、本書の中で具体的に言及した文献、入手しやすく平易な一般書など、必要最低限のものにとどめた。そのため一見すると、本書の議論がほとんど私一人の力で創造されたかのように映るかもしれないが、実際には多くの先学の研究成果に学んだ上で、私の意見を少し付け足したにすぎない。

そんな本書に、もし新味があるとしたら、日本中世史の本のくせに、現代の社会問題にまでズカズカと踏み込んで発言している点だろう。戦国武将や維新志士のファンをはじめ「歴史好き」の日本人は多いが（「歴女《れきじょ》」は独眼竜政宗の身長や血液型まで知っているのである。もちろん私は知らない）、学問としての「日本史学」に興味を持っている人は少ない。こちらが下手なことを言おうものなら、「日本史なんて勉強して、何の役に立つの？」などと一刀両断にされてしまう。かつては通史の「日本の歴史」シリーズがベストセラーになったというのに、今や日本史学界と一般社会との距離は決定的に開いてしまっているのだ。「官邸包囲デモ」にシンパシーを寄せる研究者が少なくない今時の歴史学界にあって、それに反する政治的主張を展開することにためらいがなかったと言えばウソになる。しかし、現代社会とどう向き合おうとしているのか、という意思表明を避けていては、歴史家の言葉は〈いま〉を生きる人々に届かない。未熟を承知の上で、現実の政治・社会に対する私なりの問題意識をあえて披瀝した次第である。読者諸賢の忌憚のないご叱正をたまわりたい。

最後に、本来ならば、これまでの研究生活の中でお世話になった研究者の方々のお名前を挙げて御礼を申し上げるべきところだが、それは博士論文を本にする時まで取っておくことにして、本書の編集に尽力された編集者の長井治氏に感謝の言葉を述べたい。

二〇一二年九月三日

呉座　勇一

文庫版あとがき

文庫版まえがきにも書いたように、本書は二〇一二年に洋泉社から刊行した『一揆の原理』を文庫化したものである。おかげさまで『一揆の原理』はまずまずの好評を得たが、諸般の事情で増刷できず、事実上の絶版状態だった。インターネットで古本が高値で取引されているのを見るたびに心苦しい思いをしてきたので、今回ちくま学芸文庫として再び世に出すことができるのは素直に嬉しい。洋泉社と筑摩書房には感謝の言葉もない。

ただ『一揆の原理』は時事的要素を多く含むため、二〇一五年現在から振り返ると「話題が古い」印象は拭えない。このため、担当編集の田所健太郎氏からは「時事的要素を修正・圧縮してはどうか」と提案された。ロングセラーを目指すちくま学芸文庫の理念からすれば当然の意見であるが、あえて修正は最小限に留めることにした。

なぜなら私は、単に一揆への理解を深めるためのたとえ話として、時事的な話題を盛り込んだわけではないからである。『一揆の原理』が現代の社会問題に対する意見表明を含む本である以上、その部分を修正・削除してしまったら〝別物〟になってしまう。たとえば、二〇一二年段階での私はソーシャルメディアの可能性をかなり高く評価しており、三年経った今から見ると楽観的にすぎる。だが、そこを直して、さも当時からソーシャルメディアに懐疑的であったかのように書き換えるのは〝後出しジャンケン〟であり、私の望むところではない。

戦後歴史学の著作は今や先行研究である以上に、「戦後」を知るための〝史料〟になりつつある。半世紀前の研究論文が現在の研究水準から見て不十分なのは当然で、そこをあげつらっても仕方がない。この研究者はなぜ、このような主張を展開したのか、という点こそを追求すべきである。中世史の研究者といえども、当時の政治・社会状況とは無関係ではいられない。史料を淡々と読んで、その成果をまとめたわけではなく、安保闘争やベトナム反戦運動、文化大革命などに触発されて論文を書いていた。つまり、彼らの論文には現実の政治・社会に対する問題意識が反映されているのだ。私は、昔の論文の中味以上に、その背景にある研究者の社会観に関心を持っている。

本書が何十年も先まで読み継がれるとは思っていないが、東日本大震災発生から間もない時期に、一人の日本史研究者が何を考えていたかを記録に残すことには、なにがしかの意味があろう。少なくとも、後から書き直して、全てを見通していたかのように装うよりは有意義だと思う。反面教師にはなれるかもしれないからである。

最後に、本書の編集に尽力された田所健太郎氏に感謝申し上げる。

二〇一五年八月十五日

呉座　勇一

本書は二〇一二年十月、洋泉社より『一揆の原理――日本中世の一揆から現代のSNSまで』として刊行された。

日本の歴史をよみなおす(全)　網野善彦

中世日本に新しい光をあて、その真実と多彩な横顔を平明に語り、日本社会のイメージを根本から問い直す。超ロングセラーを続編と併せ文庫化。

日本史への挑戦　森浩一／網野善彦

関東は貧しき鄙か？　否！　古代考古学と中世史の巨頭が、関東の独自な発展の歴史を掘り起こし、豊かな個性を明らかにする、刺激的な対論。

米・百姓・天皇　網野善彦／石井進

日本とはどんな国なのか、なぜ米が日本史を解く鍵なのか、通史を書く意味は何なのか。これまでの日本史理解に根本的転回を迫る衝撃の書。（伊藤正敏）

列島の歴史を語る　網野善彦　藤沢・網野さんを囲む会編

日本は決して「一つ」ではなかった！　中世史に新次元を開いた著者が、日本の地理的・歴史的な多様性と豊かさを平明に語った講演録。（五味文彦）

列島文化再考　網野善彦／塚本学／坪井洋文／宮田登

近代国家の枠組みに縛られた歴史観をくつがえし、列島に生きた人々の真の姿を描き出す、歴史学・民俗学の幸福なコラボレーション。（新谷尚紀）

今昔東海道独案内　東篇　今井金吾

いにしえから庶民が辿ってきた幹線道路・東海道。日本人の歴史を、著者が自分の足で辿りなおした名著。東篇は日本橋より浜松まで。（今尾恵介）

今昔東海道独案内　西篇　今井金吾

江戸時代、弥次喜多も辿った五十三次はどうなっていたのか。二万五千分の一地図を手に訪ねる。西篇は浜松より京都までに伊勢街道を付す。（金沢正脩）

物語による日本の歴史　石母田正／武者小路穣

古事記から平家物語まで代表的古典文学を通して、国生みからはじまる日本の歴史を子ども向けにやさしく語り直す。網野善彦編集の名著。（中沢新一）

泉光院江戸旅日記　石川英輔

文化九年（一八一二）から六年二ヶ月、鹿児島から秋田まで歩きぬいた野田泉光院の記録を詳細にたどり、描き出す江戸期のくらし。（永井義男）

居酒屋の誕生　飯野亮一

寛延年間の江戸に誕生しすぐに大発展を遂げた居酒屋。しかしなぜ他の都市ではなく江戸だったのか。一次資料を丹念にひもとき、その誕生の謎にせまる。

たべもの起源事典　日本編　岡田哲

駅蕎麦・豚カツにやや珍しい郷土料理、レトルト食品・デパート食堂まで。広義の〈和〉のたべものと食文化事象一三〇〇項目収録。小腹のすく事典！

たべもの起源事典　世界編　岡田哲

西洋・中華、エスニック料理まで。バラエティ豊かな食の来歴を繙けば、そこでは王侯貴族も庶民も共に知恵を絞っていた。全一二〇〇項目で読む食の世界史！

東京の下層社会　紀田順一郎

性急な近代化の陰で生みだされた都市の下層民。落伍者として捨て去られた彼らの実態に迫り、日本人の人間観の歪みを焙りだす。（長山靖生）

土方歳三日記（上）　菊地明編著

幕末を疾走したその生涯を、綿密な考証で明らかに。上巻は元治元年まで。新選組結成、芹沢鴨斬殺、池田屋事件……時代はいよいよ風雲急を告げる。

土方歳三日記（下）　菊地明編著

鳥羽伏見の戦に敗れ東走する新選組。近藤亡き後、敗軍の将・土方は会津、そして北海道へ。下巻は慶応元年から明治二年、函館で戦死するまでを追う。

江戸の城づくり　北原糸子

一大国家事業だった江戸城の天下普請。大都市・江戸の基盤はいかに築かれたのか。外堀、上水などインフラの視点から都市づくりを再現する。（金森安孝）

増補　絵画史料で歴史を読む　黒田日出男

歴史学は文献研究だけではない。絵巻・曼荼羅・肖像画など過去の絵画を史料として読み解き、斬新な手法で日本史を掘り下げた一冊。（三浦篤）

滞日十年（上）　ジョセフ・C・グルー　石川欣一訳

日米開戦にいたるまでの激動の十年、どのような外交交渉が行われたのか。駐日アメリカ大使による貴重な記録。上巻は1932年から1939年まで。

滞日十年（下）　ジョセフ・C・グルー　石川欣一訳
知日派の駐日大使グルーは日米開戦の回避に奔走。下巻は、ついに日米が戦端を開き、1942年、戦時交換船で帰国するまでの迫真の記録。（保阪正康）

東京裁判　幻の弁護側資料　小堀桂一郎編
我々は東京裁判の真実を知っているのか？　準備されたものの未提出に終わった膨大な裁判資料から18篇を精選。緻密な解説とともに裁判の虚構に迫る。

頼朝がひらいた中世　河内祥輔
軟禁状態の中、数人の手勢でなぜ源頼朝は挙兵に成功したのか。鎌倉幕府成立論に、史料の徹底的な読解から、新たな視座を提示する。（三田武繁）

甲陽軍鑑　佐藤正英校訂・訳
武田信玄と甲州武士団の思想と行動の集大成。大部から、山本勘助の物語や川中島の合戦など、その白眉を収録。新校訂の原文に現代語訳を付す。

機関銃下の首相官邸　迫水久常
二・二六事件では叛乱軍を欺いて岡田首相を救出し、終戦時には鈴木首相を支えた著者が明かす、天皇・軍部・内閣をめぐる迫真の秘話記録。（井上寿一）

増補　八月十五日の神話　佐藤卓己
ポツダム宣言を受諾した「八月十四日」や降伏文書に調印した「九月二日」でなく、「終戦」はなぜ「八月十五日」なのか。「戦後」の起点の謎を解く。

考古学と古代史のあいだ　白石太一郎
巨大古墳、倭国、卑弥呼。多くの謎につつまれた日本の古代。考古学と古代史学の交差する視点からその謎を解明するスリリングな論考。（森下章司）

江戸はこうして造られた　鈴木理生
家康江戸入り後の百年間は謎に包まれている。海岸部へ進出し、河川や自然地形をたくみに生かした都市の草創期を復原する。（野口武彦）

江戸の町は骨だらけ　鈴木理生
東京では大工事のたびに人骨や墓の跡がたくさん発見されている！　埋もれた骨から次々ひもとかれる江戸・東京の歴史民俗物語。（氏家幹人）

お世継ぎのつくりかた　鈴木理生

多くの子を存分に活用した家康、大奥お世継ぎ戦争の行方、貧乏長屋住人の性意識。性と子造りから江戸の政に迫る仰天の歴史読み物。（氏家幹人）

戦国の城を歩く　千田嘉博

室町時代の館から戦国の山城へ、そして信長の安土城へ。城跡を歩いて、その形の変化を読み、新しい中世の歴史像に迫る。（小島道裕）

性愛の日本中世　田中貴子

稚児を愛した僧侶、「愛法」を求めて稲荷山にもうでる貴族の姫君。中世の性愛信仰・説話を介して、日本のエロスの歴史を覗く。（川村邦光）

琉球の時代　高良倉吉

いまだ多くの謎に包まれた古琉球王国。成立の秘密や、壮大な交易ルートにより花開いた独特の文化を探り、悲劇と栄光の歴史ドラマに迫る。（与那原恵）

増補 倭寇と勘合貿易　田中健夫／村井章介編

14世紀以降の東アジアの貿易の歴史を、各国の国内事情との関連で論じたグローバル・ヒストリーの先駆的名著。（村井章介）

世界史のなかの戦国日本　村井章介

世界史の文脈の中で日本列島を眺めてみるとそこには意外な発見が！　戦国時代の日本はそうとうにグローバルだった！（橋本雄）

増補 中世日本の内と外　村井章介

国家間の争いなんておかまいなし。中世の東アジア人は海を自由に行き交い生計を立てていた。私たちの「内と外」の認識を歴史からたどる。（榎本渉）

増補 〈歴史〉はいかに語られるか　成田龍一

「国民の物語」としての歴史は、総動員体制下いかに機能したか。多様なテキストから過去／現在を語る装置としての歴史を問い直す。（福井憲彦）

日本の百年（全10巻）　鶴見俊輔／松本三之介／橋川文三／今井清一編著

明治・大正・昭和を生きてきた人々の息づかいが実感できる、臨場感あふれた迫真のドキュメント。いま私たちが汲みとるべき歴史的教訓の宝庫。

ちくま学芸文庫

一揆《いっき》の原理《げんり》

二〇一五年十二月十日　第一刷発行
二〇二〇年十二月二十日　第六刷発行

著　者　呉座勇一（ござ・ゆういち）
発行者　喜入冬子
発行所　株式会社　筑摩書房
東京都台東区蔵前二―五―三　〒一一一―八七五五
電話番号　〇三―五六八七―二六〇一（代表）
装幀者　安野光雅
印刷所　星野精版印刷株式会社
製本所　株式会社積信堂

ISBN978-4-480-09697-5 C0121